学ぶ人は、変えてゆく人だ。

目の前にある問題はもちろん、

人生の問いや、

社会の課題を自ら見つけ、

挑み続けるために、人は学ぶ。

「学び」で、

少しずつ世界は変えてゆける。

いつでも、どこでも、誰でも、

学ぶことができる世の中へ。

旺文社

JN047345

教科書 ▶▶▶ 共通テスト

歴史総合, 日本史探究

流れと枠組みを整理して理解する

著者 **梶沼和彦**（河合塾講師）

清水裕子（河合塾講師, 東進ハイスクール・東進衛星予備校講師）

旺文社

はじめに

用語の丸暗記はできるけど，共通テスト模試で点数が伸びない人に！

　この本は，歴史総合と日本史探究の，「流れ」と「枠組み」（時代区分や地域，分野など，主に章のテーマ）について整理し，理解するための参考書です。定期テストの範囲であれば教科書の歴史用語を丸暗記できても，範囲が広い模試だと歯が立たなかったり，共通テストの過去問のような思考力・判断力が必要な問題は解きにくいと感じたりする皆さんのための本です。

思考力・判断力の土台を作って使える知識にする！

　とくに「歴史総合」は，小学校・中学校で学んだ歴史と違い，世界と日本の両方の歴史を一度に扱うので，日本史の「○○時代」のような「枠組み」のイメージがない人が多いと思います。

　まずは，歴史を大きくとらえるために，頭のなかに「流れ」と結びついた「枠組み」の箱を作ることから始めてみましょう。そうすれば，新しい歴史用語を知ったときに「この頃の，この地域の用語だ」と流れと枠組みとをつなげて理解することができます。この方法で用語を覚えるたびに，時代の流れ，枠組みが結びつき，さらに特徴，全体像がしっかり定着し，共通テストの問題を解くための思考力・判断力の基本となる考え方ができ上がります。共通テストで初めて見る資料を読解して得た情報から，「このテーマについての話をしているな」と類推できる，"使える知識"が増えていくのです。

　この本は，流れと枠組みを効果的に示すために，扱う用語の数は最小限に絞ってわかりやすく解説しています。また，歴史総合や日本史探究という科目を学ぶ際には，たとえば，「近代」という「枠組み」はどうして生まれたのかという，「枠組み」への疑問をもつことも大事です。この本で歴史の枠組みがわかるようになれば，疑問もわいてくると思います。皆さんがこの本によって，志望大学の合格をつかむことを願っています。

本書の特長

勉強法・歴史総合・日本史探究の3部構成

この本は，以下の3部から構成されています。読んで理解するための本ですので，どこから始めても学習できるようになっています。

第Ⅰ部 共通テスト「歴史総合，日本史探究」の内容と勉強法

第Ⅱ部 歴史総合の流れと枠組み

第Ⅲ部 日本史探究の流れと枠組み

※第Ⅰ部と第Ⅱ部は，細部で違いはありますが，『歴史総合，日本史探究 流れと枠組みを整理して理解する』『歴史総合，世界史探究 流れと枠組みを整理して理解する』で同じ内容になっています。

全ページ，見開き2ページ完結で読みやすい

勉強法3テーマ，歴史総合33テーマ，日本史探究50テーマを，Q&A方式で，原則，見開き2ページ完結で解説しています。

区切りがわかりやすく，読みやすい形式になっています。「Q&A」の「ANSWER」はテーマのまとめにもなっていますので，ここだけさっと読んでも要点をつかむことができます。

単なる整理・まとめではなく，文章中心の解説

共通テストでは「問題を読んで考える」出題が増えています。

この本は，文章での解説を中心にしているので，読解力も同時に養えます。

 本書の特設サイトはこちら

共通テスト「歴史総合，日本史探究」について，傾向と対策を動画で説明！

https://service.obunsha.co.jp/tokuten/rekishisougou_otasuke/

 著者紹介

・**梶沼和彦（日本史担当）** 河合塾日本史科講師。早稲田大学教育学部卒。河合塾において30年間受験日本史の指導にあたる。「記憶」ではなく「わかる」ということに重点をおいて，なぜ，この事項が出題されるのか明らかにする授業を行う。河合塾では記述模試，東大・一橋大・早慶大など大学別模試の出題を行うのはもちろん，各種教材の作成に携わってきた。また河合塾主催高校教員向け論述問題研修会・早慶大入試研究会において講師を務めた。著書に『早稲田大の日本史』『慶応義塾大の日本史』（共著）（河合出版）などがある。

・**清水裕子（世界史担当）** 河合塾世界史科講師，東進ハイスクール・東進衛星予備校講師。

本書の使い方

歴史総合と日本史探究について, この本の全体の「枠組み」のなかで, ここで扱っているテーマを示しています。また, 年表と地図によって, 扱っている時代, 地域が一目でわかる仕組みになっています。

この単元で
とくにおさえてお
きたいキーワード
を示しています。

すべての単元はQ&A
で構成されています。
この部分を読むだけ
でもテーマの要点が
つかめます。

ひとことは,
本文の補足となる
内容で, とくに解
説が必要だと思わ
れる用語を取り上
げています。

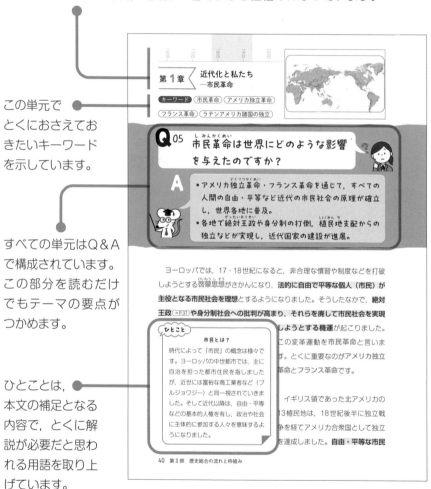

第1章 近代化と私たち
―市民革命

キーワード 市民革命 アメリカ独立革命
フランス革命 ラテンアメリカ諸国の独立

Q05 市民革命は世界にどのような影響
を与えたのですか?

A
- アメリカ独立革命・フランス革命を通じて, すべての
人間の自由・平等など近代の市民社会の原理が確立
し, 世界各地に普及。
- 各地で絶対王政や身分制の打倒, 植民地支配からの
独立などが実現し, 近代国家の建設が進展。

ヨーロッパでは, 17・18世紀になると, 非合理的な慣習や制度などを打破しようとする啓蒙思想がさかんになり, **法的に自由で平等な個人（市民）が主役となる市民社会を理想**とするようになりました。そうしたなかで, **絶対王政**（→P.37）や身分制社会への批判が高まり, それらを廃して市民社会を実現□□□□□□□□□しようとする機運が起こりました。□□□□□□□□この変革運動を市民革命と言いま□□□□□□す。とくに重要なのがアメリカ独立□□□□□□革命とフランス革命です。

> **ひとこと**
> **市民とは？**
> 時代によって「市民」の概念は様々です。ヨーロッパの中世都市では, 主に自治を担った都市住民を指しましたが, 近世には富裕な商工業者など（ブルジョワジー）と同一視されていきました。そして近代以降は, 自由・平等などの基本的人権を有し, 政治や社会に主体的に参加する人々を意味するようになりました。

イギリス領であった北アメリカの13植民地は, 18世紀後半に独立戦争を経てアメリカ合衆国として独立を達成しました。**自由・平等な市民**

40 第Ⅱ部 歴史総合の流れと枠組み

ネズミ先生
本書の世界史担当,
清水先生の代理

パンダ先生
本書の日本史担当,
梶沼先生の代理

本文は，重要な用語を青い太字，重要な文章を
青マーカーと黒い太字で示しています。

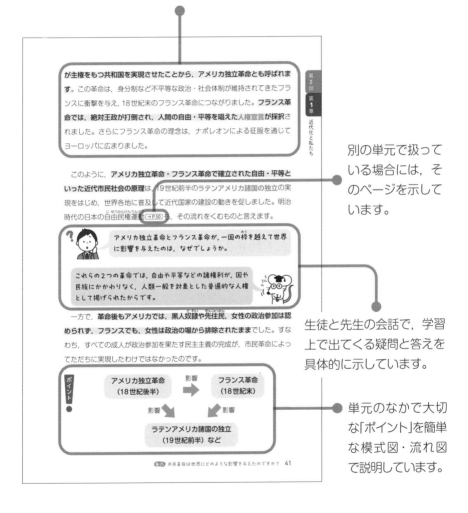

が主権をもつ共和国を実現させたことから，**アメリカ独立革命**とも呼ばれます。この革命は，身分制など不平等な政治・社会体制が維持されてきたフランスに衝撃を与え，18世紀末のフランス革命につながりました。**フランス革命では，絶対王政が打倒され，人間の自由・平等を唱えた人権宣言が採択されました。**さらにフランス革命の理念は，ナポレオンによる征服を通じてヨーロッパに広まりました。

このように，**アメリカ独立革命・フランス革命で確立された自由・平等といった近代市民社会の原理**は，19世紀前半のラテンアメリカ諸国の独立の実現をはじめ，世界各地に普及して近代国家の建設の動きを促しました。明治時代の日本の自由民権運動（→P.50）も，その流れをくむものと言えます。

? アメリカ独立革命とフランス革命が，一国の枠を越えて世界に影響を与えたのは，なぜでしょうか。

これらの2つの革命では，自由や平等などの諸権利が，国や民族にかかわりなく，人類一般を対象とした普遍的な人権として掲げられたからです。

一方で，**革命後もアメリカでは，黒人奴隷や先住民，女性の政治参加は認められず，フランスでも，女性は政治の場から排除されたままでした。**すなわち，すべての成人が政治参加を果たす民主主義の完成が，市民革命によってただちに実現したわけではなかったのです。

ポイント

アメリカ独立革命
（18世紀後半）
→ 影響 →
フランス革命
（18世紀末）

影響 ↓   ↙ 影響

ラテンアメリカ諸国の独立
（19世紀前半）など

Q.02 市民革命は世界にどのような影響を与えたのですか？　41

別の単元で扱っている場合には，そのページを示しています。

生徒と先生の会話で，学習上で出てくる疑問と答えを具体的に示しています。

単元のなかで大切な「ポイント」を簡単な模式図・流れ図で説明しています。

生徒たち
教科書の歴史用語を丸暗記する学習を続けてきていて，大きな歴史の流れがあやふやになっている

5

もくじ

〔編集協力〕株式会社 友人社
〔装丁〕前田由美子(アチワデザイン室)〔本文デザイン〕大貫としみ(ME TIME)
〔校正〕株式会社 東京出版サービスセンター,杉山詩織,小田嶋永,漆原千絵、株式会社ぷれす
〔本文図版〕株式会社 さくら工芸社
〔本文イラスト〕小林由枝(有限会社熊アート)、川上潤
〔写真提供〕アフロ

第 I 部

共通テスト
「歴史総合，日本史探究」の
内容と勉強法

Q 01 共通テスト「歴史総合,日本史探究」はどのように出題されますか?

A

- 歴史総合(主に18世紀以降の世界と日本の歴史)と,日本史探究の全範囲から出題される。
- 覚える用語自体は,少なくなると推測される。
- 歴史総合の範囲は,「近代化」「大衆化」「グローバル化」に関する内容に注目。

歴史総合が範囲に入っているということは,日本史だけではなくて,世界史の内容も出題されるのですね。

そうです。ただし,世界史的な問題は歴史総合の範囲なので,「主に18世紀以降の世界の歴史」に限られます。

　日本史を中心に勉強している受験生の皆さんが一番不安に思うのは,共通テスト「歴史総合,日本史探究」には,歴史総合の内容,つまり世界史の内容が含まれていることでしょう。

　しかし,不安に感じる必要はありません。近年始まった共通テストは,かつてのセンター試験と比較して,**覚えておかなければならない用語は減少しているからです。**

　まず,共通テストでは,資料や図版,グラフや統計などの読解問題が増えました。また,ある史実についての「評価」と「根拠」の組合せを選ぶ問題など,センター試験のような文章の正誤を判断する問題や年代を古いものから並べかえる問題とは異なった問題も見られます。その分,歴史用語や年号

を一問一答形式で暗記しておけばすぐに答えがわかるような問題は，減少しているのです。

　そのため，定期テストなどで文章の空欄の穴埋め問題ならきちんと点数がとれている人でも，実際の共通テストの問題を解いてみると，けっこう難しく感じるはずです。共通テストは，がむしゃらに教科書の太字の用語だけを覚えれば良いというテストではないのです。

　ではどのように学習すればよいのでしょうか。その答えは，**「今は，どういう時代を，どういう分野で，学んでいるのか」「この時代は，前の時代から，何がどう変化したのか」**などという，**時代の枠組みや特徴などの，大きな視点を最初につかんでおくこと**です。

　こう説明すると，難しく聞こえるでしょうか？　しかし，これらは，**教科書の章などのタイトルや扉のページで説明されていることなのです。**

　たとえば，「歴史総合」のタイトルは，「近代化」「大衆化」「グローバル化」に大きく分けられています。したがって，そのような視点を重視して出題されると考えられます。また，学習指導要領に示されている，現代的な諸課題を歴史的に捉えるための例，「自由・制限」「平等・格差」「開発・保全」「統合・分化」「対立・協調」の観点を，意識しながら学習してみましょう。

実際の共通テスト問題を見てみよう

問題文の冒頭に示されているとおり，近代化に関する
問題です。

（2021年『歴史総合』サンプル問題）

「歴史総合」の授業で，世界の諸地域における近代化の過程について，ある主題を設定して，資料を基に追究した。次の文章を読み，後の問いに答えよ。（資料には，省略したり，現代日本語に訳すなど改めたりしたところがある。）

　授業では，アジアにおける憲法の制定に着目し，次の二つの資料を踏まえて主題を追究した。

資料1　オスマン帝国憲法（ミドハト憲法）

第4条	スルタン陛下はカリフ位によりイスラーム教の守護者であり，全臣民の元首にしてスルタンである。
第8条	オスマン国籍を有する者は全て，いかなる宗教及び宗派に属していようとも，例外なくオスマン人と称される。
第11条	帝国の国教はイスラーム教である。この原則を遵守し，かつ人民の安全または公共良俗を侵さない限り，帝国領において認められているあらゆる宗教行為の自由，及び諸々の宗派共同体に与えられてきた宗教的特権の従来通りの行使は，国家の保障の下にある。
第113条	国土の一部で混乱が生じることが確実な証拠や徴候が認められる場合，政府はその地域に限り臨時に戒厳を布告する権利を有する。（略）国家の安全を侵害したことが，（略）明らかになった者を神護の帝国領から追放し，退去させることはただスルタン陛下のみが行使することのできる権限である。

資料2　大日本帝国憲法

第1条	大日本帝国は万世一系の天皇が統治する。
第3条	天皇は神聖であり，侵してはならない。
第7条	天皇は帝国議会を召集し，開会・閉会・停会及び衆議院の解散を命じる。
第11条	天皇は陸海軍を統帥する。
第14条	天皇は戒厳を布告する。

問 水谷さんは，**資料1**と**資料2**が制定された経緯を調べ，共通の背景と個別の事情を次の**カード**にまとめた。**カード**中の空欄 ア ~ ウ に当てはまる語句の組合せとして正しいものを，後の①~④のうちから一つ選べ。

カード

> **憲法制定の共通の背景**
>
> どちらも ア ため，欧米型の政治体制を整える必要に迫られていた。
>
> **憲法制定の個別の事情**
>
> ・オスマン帝国は， イ から議会制の立憲国家に変わることで，領内の非ムスリムをつなぎ止め，国民として位置付けようとした。
>
> ・日本が立憲国家・議会政治の道に進んでいったことの国内的な背景には，幕末以来， ウ 公議政体の考え方が国内で広く唱えられていたことが挙げられる。

① **ア** ― 欧米列強の政治的圧力や経済的進出に対抗する
　 イ ― イスラームの規範に基づく国家
　 ウ ― 広く意見を集めて政治を行うべきとする

② **ア** ― 欧米列強の政治的圧力や経済的進出に対抗する
　 イ ― 政教分離に基づく世俗国家
　 ウ ― 翼賛体制で挙国一致を目指す

③ **ア** ― 社会主義思想に基づく革命運動を抑える
　 イ ― 政教分離に基づく世俗国家
　 ウ ― 広く意見を集めて政治を行うべきとする

④ **ア** ― 社会主義思想に基づく革命運動を抑える
　 イ ― イスラームの規範に基づく国家
　 ウ ― 翼賛体制で挙国一致を目指す

2つも資料があるし，しかも片方はオスマン帝国憲法なんですね……。

資料があるとむずかしそうに見えるかもしれませんが，4択なので，わかるところから選択肢を絞りましょう。

これは歴史総合のサンプルとして公表された問題の一部です。「近代化」の事例として，憲法の制定に関するものです。★印を付けた部分を確認しましょう。「歴史総合，日本史探究」の問題ではありませんが，歴史総合の問題例として掲載します。

　イ　はオスマン帝国の内容が入るのですよね？　やっぱり歴史総合で学んだ，オスマン帝国の内容をしっかり覚えていないといけないのですか……？

この問題は，オスマン帝国やミドハト憲法に関する詳細な知識がなくても解くことができます。問題文と資料を読んで考えてみましょう。

　オスマン帝国のミドハト憲法と，日本の大日本帝国憲法成立の「共通の背景」と「個別の事情」について，カード中の空欄を埋める問題です。

　まず，2国の「共通の背景」として何が入るか，　ア　から考えてみましょう。

　ア　は，もし歴史総合の内容をすっかり忘れてしまっていて，オスマン帝国についてうろ覚えでも，心配いりません。オスマン帝国と日本の「共通の背景」を選ぶ問題なので，大日本帝国憲法が制定される前の日本の状況だけでも理解できていれば，解答を選ぶことができます。**日本は幕末，明治維新以来，欧米諸国に対抗できる国力をつけるために，さまざまな改革を進めてきました。**よって　ア　には，「欧米列強の政治的圧力や経済的進出に対抗する」が入ります。

　ここで，選択肢は，①か②に絞られました。

　次に２国の「個別の事情」ですが，日本史を中心に学習している皆さんは
これも，日本について考えるほうが解答しやすいと思いますので，　ウ　を
見てみましょう。

　　ウ　の後ろには，「公議政体」という語句があります。公議政体の説明
としてふさわしいのはどちらでしょうか。これは，「公衆の議論によって行う
政治」という意味なので，　ウ　には「広く意見を集めて政治を行うべきと
する」が当てはまります。**大日本帝国憲法制定までに，日本の国内では自由
民権運動が展開され，議会の開設が求められていたことは大きな流れとして
知っておきましょう。**

　　ア　と　ウ　が決まると，解答は①になりますね。

　　イ　についても，確認しておきましょう。オスマン帝国は，**資料１のと
おり，イスラーム教の帝国**です。　イ　では「議会制の立憲国家に変わる」
と説明されているので，ふさわしいのは，「政教分離に基づく世俗国家」では
なく「イスラームの規範に基づく国家」でしょう。

　もちろん，日本史の知識だけでうまく解ける問題ばかりが出題されるわけ
ではありません。ですが，このように，**「世界と日本の『近代化』の，共通点
と相違点を考える」**問題は，歴史総合で頻出のテーマになると推測されます。

　近代化については，後のページでもポイントを説明します →P.34。日本史
における近代化を理解したうえで，他の国の関係する内容をチェックすると
よいでしょう。

> この問題は，細かな用語の知識ではなく，２国の憲法制定前
> 後の背景や展開の理解が重要になります。このような問題
> が，用語の単純な暗記では解きにくいといえます。

Q02 共通テスト「歴史総合，日本史探究」には，他にどのような特徴がありますか？

A
- 大問6問中，最初の1問が歴史総合の内容，残り5問が日本史探究の問題。
- 配点は，4分の1が歴史総合。
- 思考力・判断力が問われ，解答に時間がかかる。

（2022年11月公開の試作問題より）

●歴史総合の出題は全体の4分の1

共通テスト「歴史総合，日本史探究」における，歴史総合と日本史探究の割合は，以下のようになっています。

・大問でいうと，6問中，最初の1問が歴史総合，残り5問が日本史探究。

・問題数でいうと，34問中，9問が歴史総合，25問が日本史探究。

・配点でいうと，100点中，25点が歴史総合，75点が日本史探究。

配点の4分の1が歴史総合なのですね？　思っていたよりも多いなあ。

ですが，Q1で見た通り，歴史総合の問題は，出題される大きなテーマが推測できますよ。

●大問ごとに出る時代の構成はだいたい決まっている

共通テスト「歴史総合，日本史探究」では，大問ごとに出る時代の構成が決まっています。第1問が歴史総合，第2問が全時代のテーマ史，第3問が原始・古代，第4問が中世，第5問が近世，第6問が近現代の内容です。

分野も，政治史，社会・経済史，外交史，文化史などが，バランスよく出

題されます。

近現代史もやはり出るんですね？　政治史以外の，社会・経済史も文化史もきちんと勉強しないといけないし……。

学校の授業でまだ近現代史を学んでいなくても，この本で枠組み（わくぐ）だけでも先に見ておくとよいでしょう。

●問題の特徴は，「思考力・判断力を問う」こと

共通テストの問題の大きな特徴は，「思考力・判断力を問う」ことです。具体的には，以下の点があげられます。

・歴史事項の内容や，因果（いんが）関係，時代の概観（がいかん）から判断する問題。

・文字資料・図版・グラフ・統計などを用いた読解問題。

文章や会話文を読んで判断する問題，単純な正誤判定などではなく設問の意図を把握（はあく）する必要がある問題，複数の資料から総合的に判断する問題などが増えたため，センター試験のときより，解くのに時間がかかる傾向があります。

共通テストを受けた先輩が，「本番は時間が足りなかった！」と言っていました。

それだけ，読む文章の量が多くなっており，深く考えないと解けない問題が増えたということです。

実際の共通テスト問題を見てみよう

交通革命による「世界の一体化」に関する問題です。
世界の一体化は，近代化やグローバル化の一例ですね。

（2022年試作問題『歴史総合，日本史探究』）

歴史総合の授業で，「人やモノの移動とその影響」という主題を設定し，環太平洋地域を取り上げて，各班で発表をまとめた。班の発表について述べた次の文章を読み，後の問いに答えよ。

　上原さんの班は，19世紀の交通革命による世界の一体化の進行に関心を持ち，太平洋がそれとどう関わったかに着目して，調べたことをパネルにまとめた。

パネル

◇**交通革命とは何か**
・主に1850年代から1870年代にかけて進行した，世界の陸上・海上の交通体系の一大変革を指す。
・船舶・鉄道など交通手段の技術革新と，新しい交通路の開発とによって，移動の時間・距離の大幅な短縮と定期的・安定的な移動・輸送の確立とが実現した。

◇**海路における交通革命の主役＝蒸気船**
　〈強み〉快速で，帆船と違って風向や海流などの自然条件に左右されにくい。
　〈弱み〉燃料の　ア　の補給ができる寄港地が必要。

◇**交通革命と太平洋**
・18世紀以降，北太平洋には，欧米の船が海域の調査や物産の獲得，外交・通商の交渉などを目的として進出していた。しかし，19世紀半ばまで，蒸気船を用いて太平洋を横断する定期的な交通は確立していなかった。
・アメリカ合衆国は，中国貿易の拡大を目指して太平洋への進出を図った。後の**図**を見ると，代表的な貿易港である上海まで，アメリカ合衆国から蒸気船で最短距離で行くには，必ず日本周辺を経由することが分かる。ⓐアメリカ合衆国が，航路の安全を確保し，かつ蒸気船が往復の航海で必要とする　ア　を入手するためには，日本と関係を結ぶ必要があった。

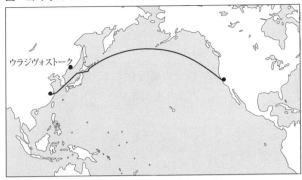

図　当時考えられていた太平洋横断航路

ウラジヴォストーク

→ 1867 年，日米間の太平洋横断定期航路が開設される。

まとめ：世界周回ルートの成立で，1870 年代には世界の一体化が大きく進展。

問　文章中の空欄　**ア**　に入る語句**あ・い**と，下線部ⓐを目的になされた出来事
X～Zとの組合せとして正しいものを，後の①～⑥のうちから一つ選べ。

ア　に入る語句

あ　石油　　　**い**　石炭

下線部ⓐを目的になされた出来事

X　モンロー教書（モンロー宣言）の発表

Y　日本に対するハル＝ノートの提示

Z　日米和親条約の締結

①　**あ－X**　　②　**あ－Y**　　③　**あ－Z**

④　**い－X**　　⑤　**い－Y**　　⑥　**い－Z**

交通革命ってなん
ですか？

パネルに説明があ
ります。ただ，知ら
なくても問題を解く
ことはできます。

これは，試作問題「歴史総合，日本史探究」の第1問，歴史総合の問題です。★印は「世界の一体化」でとくに注目して欲しい部分です。

やっぱり歴史総合の範囲なので，世界地図が出てくるんですね。あと，パネルも読まなきゃいけない……。

地図があると，とっつきにくい問題に見えますね。わかるところから考えていきましょう。

　　ア　に入る語句と，下線部ⓐを目的になされた出来事の組合せを選ぶ問題です。

　　ア　について考えましょう。　ア　は，パネル中で2回出てきます。「〈（蒸気船の）弱み〉燃料の　ア　の補給ができる寄港地が必要」と，「ⓐアメリカ合衆国が，航路の安全を確保し，かつ蒸気船が往復の航海で必要とする　ア　を入手するためには，日本と関係を結ぶ必要があった」です。

　蒸気船の燃料は何でしょうか？　選択肢は「石油」と「石炭」です。蒸気船は，文字どおり蒸気を動力にして航行する船です。石炭をエネルギー源とする蒸気機関が，船に応用されたのでした。また，時期としては，パネルの説明文と地図から，アメリカが「日本と関係を結」んだり，「1867年，日米間の太平洋横断定期航路が開設される」より前のことだとわかります。欧米諸国で，石油や電力が動力源として本格的に利用され始めるのは，1870年代頃からの第2次産業革命 →P.56 においてなので，「あ　石油」は適当ではありません。よって　ア　に入る語句は「い　石炭」で，正答は，④～⑥のどれかに絞れます。

どの時代・年代の問題なのかは，問題文に手がかりが書かれていることが多いです。問題文をよく読むようにしましょう。

次に，「ⓐアメリカ合衆国が，航路の安全を確保し，かつ蒸気船が往復の航海で必要とする　ア　を入手するためには，日本と関係を結ぶ必要があった」の文章から，「下線部ⓐを目的になされた出来事」を考えます。

日米関係に関わる選択肢は，「日米和親条約の締結」（1854年）と「日本に対するハル＝ノートの提示」（1941年）の2つで，「モンロー教書（モンロー宣言）の発表」（1823年）は排除できます。

そのうえで，パネルの最初には「（交通革命とは何か）1850年代から1870年代にかけて進行した」という説明が，図の下には「1867年，日米間の太平洋横断定期航路が開設される」という文があります。これらの情報から，アメリカがこの時期に日本と関係した出来事として「日米和親条約の締結」を選ぶことができます。

日米和親条約でアメリカ船に石炭などを供給することが認められたという知識があれば，すぐに正解に至れるかもしれません。しかし，共通テストでは教科書とは異なる視点や解釈で出題されることもあるので，先入観を捨てて一つ一つ丁寧に設問と向き合う姿勢が大切です。

これで，正答は⑥　い － Ｚだと判断できます。

説明されるとわかるのですが，制限時間が気になって，パネルの時代の説明などを読み飛ばしてしまいそうです。

資料をしっかり読み込むには時間がかかりますよね。過去問や模試を解きながら，読み取りの訓練をしておきましょう。

Q03 共通テスト「歴史総合,日本史探究」は, どのように勉強すればいいのですか？

A

- 知識は, 資料を読解した情報とつなげられるように, 整理・理解して学習する必要がある。
- この本で,「流れ」と「枠組み」を整理して理解しよう。

　共通テストの問題の特徴は,「思考力・判断力を問う」ことだと言いました。**問題の資料を読解しただけで解ける問題は多くありません。教科書で学んだ, 歴史総合と日本史探究の知識があることが大前提となります。**資料や図版, グラフなどから読み取った情報を, もっている知識とつなげて選択肢を絞り込んでいくことが必要だからです。

　共通テストは, 時代・地域・分野の偏りなく満遍なく出題されます。センター試験に比べれば覚えておくべき用語の数は減っているとはいえ, 歴史総合と日本史探究の全範囲の学習が必須です。すなわち, 教科書2冊分の理解と知識, かなりの量があります。

　しかも, 教科書の歴史用語や年号の知識を, 単純に一問一答形式で覚えているだけでは, 資料や図版などから読解した情報と, 覚えた知識がなかなかつながらないことが多いでしょう。情報と知識が結びつき, 情報から知識が思い出せるようなかたちで, 知識を整理し, 理解しておく必要があります。

そこでまず必要になるのが，歴史総合と日本史探究の全体の，「流れ」と「枠組み」の整理と理解です。

「流れ」と「枠組み」を理解すると，以下の点で，今後の歴史総合と日本史探究の学習が進みやすくなるでしょう。

①今後，新しく学習した歴史用語や内容も，「この時代の用語の内容だな」と歴史全体の流れや枠組みのなかに入れることで，他の用語とのつながりがわかりやすくなり，理解しやすくなります。

②時代の流れと枠組み，特徴，全体像を理解し，そのなかに歴史用語をひもづけることで，考え方の土台ができて，資料を読解したときに「これはこの内容の話だな」と思い出しやすく，共通テストで使える知識になります。

〈ただおぼえただけの知識〉
…知識がバラバラになっている

〈流れと枠組みのなかで理解した知識〉
…知識がまとまって，つながっている

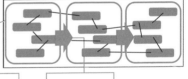

枠組み　　流れ

他に共通テストの勉強を進めるにあたって，気をつけるべき点はありますか？

学習する際には，資料・図版・グラフを意識して見ておくことと，過去の共通テストや模試を解いて問題形式に慣れておくことです。共通テストは問題形式が特徴的なので，早めに本番形式の問題に挑戦してみましょう。

実際の共通テスト問題を見てみよう

日本万国博覧会（大阪万博）の時期の日本の状況と，世界情勢についての問題です。

（2022年試作問題『歴史総合，世界史探究』）

歴史総合の授業で，世界の諸地域における人々の接触と他者認識について，資料を基に追究した。次の文章を読み，後の問いに答えよ。

1970年に開催された日本万国博覧会（大阪万博）について，生徒たちが，万博に関わる当時の新聞記事（社説）を探して，記事から**抜き書き**を作成した。

社説の抜き書き

・万博に参加した77か国のうち，初参加のアジア・アフリカなどの発展途上国が25か国に上っていた。

・アジア・アフリカなどの発展途上国のパビリオン（展示館）では，一次産品の農産物・地下資源や民芸品・貝殻などが展示されていた。

・こうした発展途上国のパビリオンからは，GNP（国民総生産：国の経済規模を表す指標の一つ）は低くとも，自然と人間が関わり合う生活の中に，工業文明の尺度では測れない固有の文化の価値体系を知り得た。

・高度工業文明とGNP至上主義の中で，「物心両面の公害」に苦しめられている今日の日本人にとって，発展途上国のパビリオンから知り得た文化と風土の多様性こそ，人間の尊厳と，人間を囲む自然の回復を考える手掛かりである。

（『読売新聞』1970年9月13日朝刊（社説）より作成）

問 センリさんのグループは，社説が発展途上国のパビリオンの特徴に注目しなが
ら，同時代の日本の状況を顧みていることに気付いた。その上で，当時の世界情
勢で社説が触れていないことについても，議論してみようと考えた。社説が踏ま
えている当時の日本の状況について述べた文**あ・い**と，当時の世界情勢で**社説が
触れていないこと**について述べた文**X・Y**との組合せとして正しいものを，後の
①～④のうちから一つ選べ。

社説が踏まえている当時の日本の状況

あ 第1次石油危機（オイル＝ショック）により，激しいインフレが起こってい
た。

い 環境汚染による健康被害が問題となり，その対策のための基本的な法律が作
られた。

当時の世界情勢で社説が触れていないこと

X アジアでは，開発独裁の下で工業化を進めていた国や地域があった。

Y アラブ諸国では，インターネットを通じた民主化運動が広がり，独裁政権が
倒された国があった。

① あ ― X
② あ ― Y
③ い ― X
④ い ― Y

「社説が踏まえてい
る」状況は，資料を
読めばわかりそうだ
けど……。

「社説が触れてい
ないこと」は難しそ
う……。

これは，試作問題「歴史総合，世界史探究」の第1問，歴史総合の問題です。これも『歴史総合，日本史探究』の問題ではありませんが，歴史総合の問題例として掲載します。★印は近代化・工業化にともなう公害に関する部分です。

資料も問題文も量があるし，日本の状況も，世界の状況も，両方出されていますね……。

「社説が踏まえている当時の日本の状況」について述べた文と，「当時の世界情勢で社説が触れていないこと」について述べた文との組合せとして正しいものを選ぶ問題です。

「社説が踏まえている当時の日本の状況」は，社説の抜き書きから類推（るいすい）できます。8行目に「物心両面の公害（こうがい）」，10〜11行目に「人間を囲む自然の回復を考える手掛かり」という言葉があります。ここから社説は公害の話を踏まえていると考えて，「い　環境汚染による健康被害が問題となり，その対策のための基本的な法律が作られた。」を選ぶことができます。なお，日本では，公害対策基本法が1967年に制定されていて，当時，深刻な公害問題に直面していたという知識とも一致します。

一方，あについては，「第1次石油危機（オイル＝ショック）」が1973年に起こったという知識があれば，この社説は問題文の最初に示されているとおり，それより前の1970年のものなので，時代が合わないと判断できます。

出来事が起こった年は，やはり覚えておいたほうがよいのですか？

石油危機のような世の中が変わる重要な転機となる事件や出来事は，起こった年を知っておくと便利です。ただ，この問題も，第1次石油危機が1970年代であるという大まかな時代を知っていれば解ける仕組みになっています。

　次に，「当時の世界情勢で社説が触れていないこと」を考えてみましょう。こちらは，1970年頃の世界情勢の知識が必要になります。

　当時の世界情勢として正しい文はⅩです。Ⅹの文に出てくる「開発独裁（かいはつどくさい）」は，本書の97ページで扱っています。開発独裁が第二次世界大戦後に出てくる言葉だと知っておくことが重要です。また，Ⅹの判断が難しい場合でも，Ⅰの文について，インターネットが普及したのは1990年代以降という知識や，アラブ諸国でインターネットを通じた民主化運動（「アラブの春」と言います）が起こったのは2010年代という知識があれば，Ⅰは当時の世界情勢としてふさわしくないとして，Ⅹにしぼることもできます。

　これで正答は③　い－Ⅹになります。

2010年代のような，かなり現在に近いことを扱う問題も出るのですね……。

この問題は「アラブの春」を知らなくても正答は選べます。ただ，歴史総合の教科書には載っています。「近代化」「大衆化」「グローバル化」のいずれにも関わる重要な出来事なので，この機会に学んでおきましょう。

　共通テストにおける歴史総合は，資料や図版などを読解して得た情報に，中学生の地理・歴史・公民や高校生の歴史総合で学習する基本的な知識を組合わせて考えて，正答を導き出す問題が多く出題されます。この考え方の土台となる歴史の「流れ」と「枠組み（わくぐ）」を説明するのが本書になります。

　では，歴史総合の内容から，全体の流れと枠組みを見ていきましょう！

第 II 部

歴史総合の流れと枠組み

第0章　歴史総合について

キーワード　近代化　大衆化　グローバル化

Q 01 歴史総合で気をつけるべき点はどこですか？

A
- 近代以降の世界の歴史の展開を大きく理解し、そのなかで日本の歴史を位置づける。
- 「近代化」「大衆化」「グローバル化」の3要素を意識。それらの相互関係にも注目。
- 歴史上の出来事を、現代の諸問題と関連づける。

中学校で学んだ歴史と高校で学ぶ歴史総合が大きく異なるのは、どのような点ですか。

中学校では、古代からの日本の歴史を中心に学びましたが、歴史総合では、近代・現代の世界の歴史の展開を重視し、そのなかで日本の歴史を理解することになります。

　高校の地理歴史科に「歴史総合」という新しい科目が登場しました。その特徴は、大きく2つあります。1つ目は、**近代と現代の歴史に重点を置いて学ぶこと**です。近代・現代は、私たちが生きているまさにこの時点に直接つながる時代です。もう1つは、**世界の歴史の展開を理解したうえで、日本の歴史がそれとどのように関連しているのかを学ぶこと**です。日本の歴史は、「鎖国」の時代でさえ、世界の歴史の流れと無縁ではありませんでした。ましてや、世界各地が緊密に結びついていく近代以降は、世界との関わりを抜きに語ることはできません。

したがって，細かな歴史事項の暗記に終始するのではなく，出来事がいつ頃，どのあたりで起こったのか，年表や地図なども利用しながら，**大きな歴史の流れを把握**していくことが重要です。そして，**世界の歴史を学ぶときは，同時代の日本の状況に思いをめぐらせ，日本の歴史を学ぶときは，同時代の世界の状況を意識した学習をする**ようにしましょう。

大きな視点から歴史を見る重要性はわかりましたが，具体的なキーワードなどはありますか。

歴史総合では，「近代化」「大衆化」「グローバル化」の3つの観点に注目して歴史を学びます。

　歴史総合では，**近現代の歴史を理解するにあたり，「近代化」「大衆化」「グローバル化」という3つの重要な観点**を提示しています。ただ，これらの3要素は，単純に「近代化」→「大衆化」→「グローバル化」という順序で展開してきたわけではありません。また，3要素は分かちがたく結びついており，相互関係にも注意しなければなりません。

歴史総合で近現代の歴史を重視するのは，なぜでしょうか。

現在私たちが直面している諸問題が，近代以降の歴史と深く関わるからです。また，近い将来起こりうる問題を予測するためにも，現在までの歴史の流れを知る必要があります。

　歴史を学ぶ目的は，現代世界の課題を解決する手がかりを得るためとも言えるでしょう。**歴史上の出来事が現代の諸問題とどう関連しているのか**を，未来の世界を担う皆さん一人一人が，当事者として常に問題意識をもちながら学んでほしいと思います。

第1章 近代化と私たち —近代化

キーワード 近代化 産業革命 資本主義
国民国家

Q02

近代化とはどういうことですか？

A

- 近代とは，時代区分の一つ。資本主義が発達し，国民国家の形成が進んだ時代。
- 近代化は，工業化だけでなく，交通手段の発達，人口増加，産業構造の転換，国民の政治参加，学校教育など様々な分野で生じた変化。

　中学や高校の歴史学習では，歴史の流れを時代ごとの特徴に基づいて，おおまかに古代・中世・近世・近代・現代などに区分して考えます。「近代」とはそうした時代区分の一つで，産業革命 →P.38 によって資本主義が発達し，自

> **ひとこと**
>
> **時代区分**
>
> 古代・中世・近世・近代・現代などの時代区分は，現代の人々の視点で設定されているので，絶対的ではありません。また，ヨーロッパの社会の変化を基準にしているので，非ヨーロッパ地域に当てはめることができない事例もあります。

由・平等な国民で構成される国民国家 →P.42 の形成が進んだ時代を指すことが一般的です。19世紀頃の欧米諸国から始まりました。

　欧米諸国は，近代的な社会を維持するために，近代化に遅れたアジア・アフリカの国々に進出し，植民地支配などによって経済的利益を得ようとしました。それに対抗するため，**アジア・アフリカの各地でも，欧米諸国のような近代国家の形成を目指す動き**が起こります。1868年に始まった日本の明

治維新がその一例です。一方で，義和団戦争→P.58のように，進出された側
の近代化に対する激しい抵抗も見られました。

　工業化の進展は，大量の製品・原料の輸送を必要とし，**鉄道・汽船**などの
交通手段が発達しました。**世界各地は緊密な貿易網で結びつき**，仕事を求め
て**移民**として他国に渡る労働者など**大規模な人の移動**も生じます。

　産業革命期に**急増した人口**は，工場労働者として多くの働き手が求められ
た**都市に集中**し，農村人口は減少していきます。農業社会から**産業社会への
転換**という社会構造の変化も見られました。工場での労働は，職場と家庭の
分離を促し，**家族のあり方も変わりました**。また，都市に生まれた豊かな中
産階級→P.64の人々は，**個人の権利意識を強め，彼らが「国民」として主体
的に政治に参加し，納税などの義務を果たす国民国家の形成**が進みます。国
家は**学校教育**を通じて，知識だけでなく**国語や国民意識**をはぐくもうとしま
した。合理性や効率性，進歩を重視する価値観も広がります。

　一方，近代化のなかで，都市の劣悪な生活環境や公害，**資本家**→P.38と労
働者階級の対立や経済格差，少数派（マイノリティ）に対して主流派への統
合を強いる同化主義，社会・家庭における男女の役割分担の固定化など，数
多くの問題も生み出されることになりました。

近代化というと，工業化や機能的な都市生活などをイメージ
していたのですが，それだけではないのですね。

近代化とは，そのような産業の発達と同時期に生まれた新し
い国家や社会の仕組み，価値観の変化なども含む幅広い概
念です。

第1章 近代化と私たち
―「近代」になる前の世界

キーワード 大航海時代 「世界の一体化」

宗教改革 主権国家体制

Q03 「近代」になる前の世界はどうだったのですか？

A

- 諸地域が自立した世界であったが、大航海時代（だいこうかい）以降、西ヨーロッパ諸国の主導で「世界の一体化」が進展。アジア諸国は、繁栄を維持。
- 国内の統合が進展。西ヨーロッパでは、主権国家や主権国家体制が成立したが、主権者は君主のみ。

　古代文明の成立以来、世界各地で**独自の歴史的特質**が形成されていきました。各地域は、それぞれが**ひとまとまりの自立した世界**で、たがいに交流・対立を繰り返しながら発展しました。諸地域間の経済的結びつきは、イスラーム世界の拡大とムスリム商人の活動が活発化した8世紀頃と、モンゴル帝国がユーラシアの広域を統合し、巨大な交易圏が出現した13世紀に強まりました。そして、繁栄するアジア交易に参入する目的で、**ヨーロッパ人が海外に乗り出した大航海時代に、アメリカ大陸を含む世界の諸地域が結びつけられました。**ここから「世界の一体化」が始まります。

　大航海時代を先導した**西ヨーロッパ諸国は、16世紀以降、アジア交易やアメリカ大陸の植民地（しょくみんち）経営で利益をあげ、先進地域として台頭**しました。南北アメリカでは、先住民（せんじゅうみん）の文明を破壊し、プランテーションや鉱山開発の労働力として、アフリカから多くの黒人奴隷（どれい）を連行しました。こうして、**南北アメリカやアフリカは経済的自立を失い、西ヨーロッパに従属（じゅうぞく）**したのです。

一方，同時代のアジアでは，**ヨーロッパ人が香辛料・絹・陶磁器・綿織物な**どの物産を買いつけに訪れ，その対価として大量の銀が流入し，**西アジアのオスマン帝国，インドのムガル帝国，中国の清**などの大帝国が繁栄しました。日本では，江戸幕府のもとで，**幕府（将軍）と藩（大名）**がそれぞれの領地と人民を支配する幕藩体制と，身分制に基づく独自の社会が成立しました。

「世界の一体化」が進んでいる時期に，江戸幕府が「鎖国」政策を行って外国との交流を制限したのは，時代に逆行する動きのようにも感じます。

幕府の閉鎖的な対外政策も，「世界の一体化」への対応の一つのあり方といえます。キリスト教の普及によってヨーロッパの影響力が国内で拡大することなどを警戒したのです。

交易の活発化で地域間の交流や競争が激しくなるのにともなって，**国家のまとまりも強化**されていきました。16世紀末の日本の統一も，その流れに位置づけられます。**西ヨーロッパでは，16世紀の宗教改革でローマ＝カトリック教会の権威が後退し，**君主による国内の統合が進みました。**外部の干渉を受けずに政治を行う権限（主権）と明確な領土をもつ主権国家**が登場し，主権国家が並び立つ国際秩序，すなわち**主権国家体制**が成立しました。ただ，**当時の主権者は君主のみで，**君主が絶対者として君臨する**絶対王政**が行われた国もあり，身分制も残っていました。

絶対王政や身分制が打倒され，国民が主権をもつようになるのが，近代ですね。

そのとおりです。また，西ヨーロッパで産業革命が始まって，近代を迎えると，それまで自立していたアジア諸国も西ヨーロッパに従属していきます。

第1章 近代化と私たち —産業革命

キーワード 産業革命 資本主義体制

「世界の工場」 国際分業体制 「世界の一体化」

Q04 産業革命は世界にどのような影響を与えたのですか？

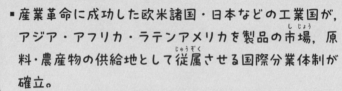

A
- 資本主義に基づく「世界の一体化」が加速。
- 産業革命に成功した欧米諸国・日本などの工業国が、アジア・アフリカ・ラテンアメリカを製品の市場、原料・農産物の供給地として従属させる国際分業体制が確立。

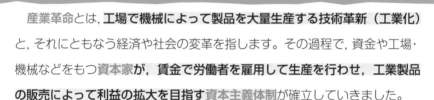

　産業革命とは、工場で機械によって製品を大量生産する技術革新（工業化）と、それにともなう経済や社会の変革を指します。その過程で、資金や工場・機械などをもつ**資本家**が、賃金で労働者を雇用して生産を行わせ、工業製品の販売によって利益の拡大を目指す**資本主義体制**が確立していきました。

　産業革命は、18世紀後半のイギリスで綿工業からおこりました。イギリスは、機械で生産した安価で良質な綿製品を、国内に供給しただけでなく、世界の諸地域に大量に輸出しました。**19世紀半ばのイギリスは「世界の工場」**と呼ばれ、その工業生産力に、他国は圧倒されました。そして、**自由貿易**を推し進めながら、自国の製品の市

ひとこと

自由貿易と保護貿易

自由貿易とは、国家の介入を排除して貿易を行うことです。競争力のある先進国に有利で、競争に勝てない後発国は、先進国から工業製品を輸入し、製品の原料や農産物などを先進国に輸出します。こうした先進国への経済的従属を避けるため、後発国では、国家が輸入品に高い関税をかけて国内産業を保護する保護貿易が主張されました。

場かつ原料や農産物の供給地としてアジア・アフリカ・ラテンアメリカを**国際分業体制**に組み込んでいったのです （→P.44）。

分業は効率がよくなると思うのですが，当時の国際分業体制はどのような点が問題なのでしょうか。

対等な立場での分業ではないため，製品の市場・原料の供給地として位置づけられた国や地域は，工業国に従属して経済的自立を失い，発展が阻害されることが多いのです。

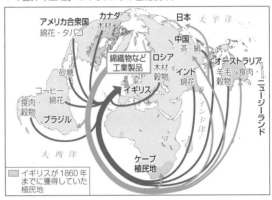

▼「世界の工場」イギリス（19世紀後半）

アメリカ合衆国 綿花・タバコ
カナダ 木材
日本 絹
中国 茶 絹
太平洋
ロシア 木材 穀物
綿織物など工業製品
イギリス
インド 綿花
オーストラリア 羊毛・食肉・穀物
ニュージーランド
砂糖
コーヒー・綿花
食肉・穀物
ブラジル
大西洋
インド洋
ケープ植民地

□ イギリスが1860年までに獲得していた植民地

一方で，**欧米諸国や日本などは，イギリスの覇権に対抗して，次々に産業革命を実現**していきました。これら後発の資本主義諸国の多くは，国家の主導で工業化を促進する傾向にありました。たとえば，**南北戦争後のアメリカ合衆国では，保護貿易によって国内産業の育成**がはかられ，**明治維新後の日本でも，欧米の技術を導入して殖産興業**政策 （→P.49）が行われました。こうして後発資本主義国が新たな市場を求めて世界市場に参入したことで，**「世界の一体化」と国際分業は加速し，欧米諸国と他地域の支配・従属の関係が強まる**とともに，資本主義国間の国際競争の激化が帝国主義を招くことになりました （→P.56）。

ポイント！

イギリス	分業に組み込み	アジア・アフリカ・ラテンアメリカ
市場・原料供給地を求め，自由貿易を推進	→	市場・原料供給地として従属
	← 対抗	欧米諸国・日本　工業化を推進，保護貿易を行う国も

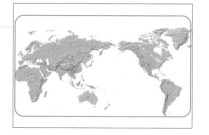

キーワード 市民革命 アメリカ独立革命
フランス革命 ラテンアメリカ諸国の独立

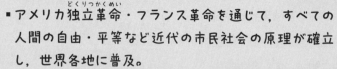

Q 05 市民革命は世界にどのような影響
を与えたのですか？

A
- アメリカ独立革命・フランス革命を通じて，すべての人間の自由・平等など近代の市民社会の原理が確立し，世界各地に普及。
- 各地で絶対王政や身分制の打倒，植民地支配からの独立などが実現し，近代国家の建設が進展。

ヨーロッパでは，17・18世紀になると，非合理な慣習や制度などを打破しようとする啓蒙思想がさかんになり，**法的に自由で平等な個人（市民）が主役となる市民社会を理想**とするようになりました。そうしたなかで，**絶対王政** →P.37 や身分制社会への批判が高まり，それらを廃して市民社会を実現しようとする機運が起こりました。この変革運動を**市民革命**と言います。とくに重要なのが**アメリカ独立革命とフランス革命**です。

市民とは？

時代によって「市民」の概念は様々です。ヨーロッパの中世都市では，主に自治を担った都市住民を指しましたが，近世には富裕な商工業者など（ブルジョワジー）と同一視されていきました。そして近代以降は，自由・平等などの基本的人権を有し，政治や社会に主体的に参加する人々を意味するようになりました。

イギリス領であった北アメリカの13植民地は，18世紀後半に独立戦争を経てアメリカ合衆国として独立を達成しました。**自由・平等な市民**

が主権をもつ共和国を実現させたことから，**アメリカ独立革命**とも呼ばれます。この革命は，身分制など不平等な政治・社会体制が維持されてきたフランスに衝撃を与え，18世紀末のフランス革命につながりました。**フランス革命では，絶対王政が打倒され，人間の自由・平等を唱えた**人権宣言が採択されました。さらにフランス革命の理念は，ナポレオンによる征服を通じてヨーロッパに広まりました。

　このように，**アメリカ独立革命・フランス革命で確立された自由・平等といった近代市民社会の原理**は，19世紀前半の**ラテンアメリカ諸国の独立**の実現をはじめ，世界各地に普及して近代国家の建設の動きを促しました。明治時代の日本の自由民権運動（→P.50）も，その流れをくむものと言えます。

アメリカ独立革命とフランス革命が，一国の枠を越えて世界に影響を与えたのは，なぜでしょうか。

これらの2つの革命では，自由や平等などの諸権利が，国や民族にかかわりなく，人類一般を対象とした普遍的な人権として掲げられたからです。

　一方で，**革命後もアメリカでは，黒人奴隷や先住民，女性の政治参加は認められず，フランスでも，女性は政治の場から排除されたまま**でした。すなわち，すべての成人が政治参加を果たす民主主義の完成が，市民革命によってただちに実現したわけではなかったのです。

アメリカ独立革命
（18世紀後半）
影響 →
フランス革命
（18世紀末）

影響

影響

ラテンアメリカ諸国の独立
（19世紀前半）など

第1章 近代化と私たち
―国民国家

キーワード 国民国家 ナショナリズム
国民意識

Q06 国民国家とは何ですか？　どのように形成されたのですか？

A

- 国民国家は，国民意識を共有する人々（国民）を主権者とする国家。フランス革命で理念が提示される。
- ナショナリズムを背景に，同じ権利・義務，言語・文化などをもつ人々が国民として統合されて形成。国力強化のため，国家が主導する場合もある。

国民国家とは，同じ集団に属するという意識をもった「国民」によって構成される国家のことです。国民国家における国民は，自由・平等などの基本的人権を保障された主権者と位置づけられます。したがって，国民国家は，領域と主権を有する主権国家 →P.37 の一つですが，主権が君主ではなく国民にある点で，市民革命後に生まれた新しい国家の形態ということができます。そして，人々が同じ「国民」としてまとまろうとする動きをナショナリズムといい，個人の自由を尊重する自由主義とも結びつきながら，国民国家を形成・強化する原動力となりました。

ひとこと

ナショナリズム

ナショナリズムは多くの意味がある概念で，国民国家の建設にあたって何に重点を置くかにより，日本語訳が異なってきます。自由・平等な国民による統合という側面を重視する場合は国民主義，他民族の支配下にある民族が独立を目指す側面を重視する場合は民族主義と訳されます。また，国家主義と訳される場合は，国家が個人に優越する側面が重視されています。国家主義の例としては，第一次世界大戦後に登場したファシズム →P.76 などが該当します。

　フランスでは，革命で掲げられた理想を共有するなかで，**人々が等しい権利を有する平等な存在として国家への帰属意識を強め，国民としての一体感が形成**されていきました。さらに，徴兵制によって編制された国民軍の活躍や標準的なフランス語の普及などが，国民意識を高揚させ，**国民国家の形成**を進めました。他のヨーロッパ諸国は，こうして強大化するフランスを目の当たりにして，みずからも国民国家を目指すようになりました。同時に，**ナポレオンに征服された地域では，外国支配への抵抗からナショナリズムが芽生え**，プロイセンなどで近代化改革が始まりました。

　19世紀後半のヨーロッパでは，国家間の対立が明らかになり，各国は国民国家の確立を急ぎました。国民国家になると，**国民の結束によって産業の発達や国力の増強も期待できる**からです。**同じ権利・義務をもち，同じ価値観や言語・文化などを共有する均質な国民を創り出すため，議会制度や教育制度，徴兵制などの整備**を進めたのです。国民国家の考えは，欧米諸国が進出したアジアにも波及し，日本の明治新政府は，四民平等の原則や学制・徴兵令などの近代化を進めて，**天皇中心の中央集権的国家の建設**に努めました→P.48。

　国民国家では，国境内の人々を民族や言語・文化などの同一性に基づいて統合する過程で，**少数派の人々の固有の文化などは否定**されました。日本でも，北海道の先住民であるアイヌの人々や，かつて琉球王国が存在した沖縄の人々を「日本国民」とするための政策がとられました。

　一つの国のなかには，実際，様々な文化的背景をもつ人たちがいるので，国民の均質化をはかる国民国家という形態は無理があるように感じます。

　現在の世界では，多様な文化を尊重するべきであるという多文化主義の観点から，少数派の人々に対して同化を強いる国民国家のあり方そのものの見直しも唱えられています。

キーワード 不平等条約 自由貿易

インド大反乱 アヘン戦争

Q07 アジアの植民地化・従属化はどのように進んだのですか？

A

- 列強は，軍事力による領土支配だけでなく，不平等条約で自由貿易を強制して市場・原料供給地としたり，利権獲得などの経済支配も強化したりした。
- インド・東南アジア（タイ以外）は植民地化。オスマン帝国・清は独立を維持したが，従属化。

　オスマン帝国・ムガル帝国・清などのアジアの大国は，人口や国力で欧米諸国を上回っていました →P.37 。しかし，**欧米諸国が産業革命による工業化** →P.38 **と市民革命による国民統合** →P.40 を進めると，19世紀にはアジア諸国と欧米諸国の経済力・軍事力は逆転しました。

　欧米の列強諸国は，アジアに進出し，**不平等条約**や戦争によって，自国に有利な**自由貿易**を強制しました。その結果，**アジアの諸地域は，安価な工業製品が低関税で流入して伝統産業が衰退し，列強の市場・原料供給地や資金の投資先として国際分業体制に組み込まれていきました** →P.39 。さらに列強は，資金の提供とひきか

ひとこと

不平等条約の内容

領事裁判権は，治外法権の一種で，外国人が滞在国で罪を犯した場合，自国の外交官である領事が本国の法で裁く権利。**関税自主権の喪失**（協定関税制）は，輸入品にかける関税を独自に決める権利を失うこと。**最恵国待遇**は，A国と条約関係にあるB国が，C国とより良い条件の条約を結んだ場合，その条件がA国にも自動的に認められること。不平等条約では，当事国の一方のみが最恵国待遇を与える義務を負いました。

えにアジアの諸地域の**鉄道建設**や**鉱山開発**などの利権を獲得したり，**現地の抵抗や反乱を武力で鎮圧**したりしながら，植民地化・従属化を進めました。

オスマン帝国は，不平等条約により，ヨーロッパの製品や資本への依存を強めたうえ，クリミア戦争[*1]以降，**列強に債務を重ねて財政が破綻**し，イギリス・フランスに財政を管理されました。**インドでは，イギリスが戦争で領土支配を広げる**とともに，自国の綿製品を輸出し，綿花などの原料を栽培させました。**インド大反乱**が起こると，ムガル帝国を滅ぼして反乱を鎮圧し，その後，**インド帝国**を樹立して植民地化を完成させました。またタイをのぞく東南アジアは，列強の植民地となりました。

イギリスによる自由貿易の要求を拒否していた清は，**アヘン戦争に敗れて開港や自由貿易，不平等条約を受け入れ** →P.46 ，第2次アヘン戦争[*2]を経て列強の経済進出が進みました。**日清戦争後は，列強による権益獲得競争が激化**し，義和団戦争 →P.58 の敗北で干渉はさらに強まりました。日本も，**江戸幕府がアメリカ合衆国の圧力を受けて開国し，欧米諸国との不平等条約で自由貿易を強いられました** →P.47 。しかし，その後の明治維新で近代化を本格的に推進し，欧米諸国との**不平等条約の改正**を進め，列強の一員として中国や朝鮮へ進出していきました →P.52 。

アジアはもともと豊かだったのに，現在，多くの開発途上国が存在するのは，欧米諸国の植民地支配を受けたことが関係しているようですね。

独立後も，特定の原料の生産・輸出に依存する植民地時代のモノカルチャー経済が残り，経済的自立や工業化が困難な国があります。植民地支配が大きな爪痕を残したのです。

*1 1853～56年。南下政策を進めるロシアがオスマン帝国と開戦したが，イギリス・フランスなどがオスマン帝国を支援したため，ロシアは敗北した。
*2 1856～60年。アロー戦争ともいう。イギリス・フランス連合軍が清と戦い，勝利した。

第**1**章 〉 近代化と私たち
——中国・日本の開港・開国

キーワード アヘン戦争 ペリー来航

日米和親条約 日米修好通商条約

Q08 中国・日本が開港・開国したきっかけは何ですか？

A
- 欧米諸国が工業化を背景に，アジアに進出。
- 中国は，アヘン戦争の南京条約によって開港。
- 日本は，ペリー来航を受けて開国。

戦争や事件の経緯も大事ですが，アヘン戦争の背景やペリー来航の影響などを理解することが重要です。

　欧米諸国は工業化を進め，武力を背景にアジアに進出してきました。中国の清は，ヨーロッパ船の来航を**広州**に限定して認めており，イギリスの自由貿易の要求には応じませんでした。また，中国からイギリスへの茶の輸出が増大していました。イギリスは茶の代価として銀が中国に流出することを防ぐため，インドにイギリス製綿織物を輸出し，インド産アヘンを中国に密輸し，茶などを中国から輸入しました。この貿易を**三角貿易**といいます。中国は，アヘンの輸入を厳禁しましたが，イギリスがこれに反発し，1840年に**アヘン戦争**が起こりました。結局，中国は降伏し，イギリスと**南京条約**を結び，この条約により中国は開港し，自由貿易体制に組み込まれます。

　アヘン戦争の戦況が伝わると，江戸幕府は異国船打払令に代わり，外国船に薪や水，食料を与えることを指示する**天保の薪水給与令**を出しました。しかし，「鎖国」体制は続けることとしました。また，日本国内では天皇を尊

び、「夷」（外国）を打ち払おうと主張する尊王攘夷論が提唱されるようになっていました。

その頃、アメリカ合衆国は太平洋岸まで領土を広げ、中国との貿易船や捕鯨船の寄港地として日本に注目していました。1853年、ペリーが艦隊を率いて江戸湾口に現れました。軍艦に威嚇された幕府は、翌年に返答することを約束して、ペリー艦隊をひとまず退去させました。また、**ペリーの要求を朝廷に報告し、諸大名らに対応策について意見を求めました。これにより、朝廷の発言権が増大し、諸大名に政治参加の機会を与える契機となり、幕政が動揺する一因となりました。**

1854年にペリーが再び来航すると、幕府は日米和親条約を結んで、下田・箱館を開港し、アメリカに最恵国待遇→P.44を認めました。イギリス・ロシア・オランダとも同様の条約を結びました。

その後、下田に着任したアメリカ総領事ハリスは、同時期に起こっていた第2次アヘン戦争→P.45の状況など列強の脅威を説いて、幕府と貿易を開始するための日米修好通商条約を結びました。この条約は、アメリカに領事裁判権と協定関税制を認めた不平等条約→P.44でしたが、富国強兵のために貿易が必要だと考えた幕府は、オランダ・ロシア・イギリス・フランスとも同様の条約を結び、自由貿易が始まりました。その一方で、攘夷の傾向が強かった朝廷の発言力が高まり、尊王攘夷を唱える志士の活動も活発となり、幕末の動乱につながっていきます。

中国の開港	日本の開国
広州のみで貿易、のち三角貿易 →アヘン戦争→南京条約で開港	「鎖国」→アヘン戦争の情報・ペリーの来航→日米和親条約で開国

第1章 | 近代化と私たち
―日本の近代化

キーワード　四民平等　廃藩置県　地租改正

殖産興業　徴兵令

Q09 日本が近代国家になるために行ったことは何ですか？

A

- 天皇中心の中央集権体制の確立，身分制の廃止，憲法の制定と国会の開設。
- 富国強兵（ふこくきょうへい）を目指す産業革命。
- 主権国家の確立を目指して周辺国との国境画定。

明治新政府は欧米諸国の制度・技術を取り入れ，内政・外交の変革を進めました。これを明治維新（めいじいしん）と呼びます。

明治天皇はまず五箇条の誓文（ごかじょうのせいもん）で新政府の方針を示し，**天皇中心の中央集権体制を確立**しようとしました。そして新政府は江戸時代の身分制を解体して四民平等（しみんびょうどう）を原則とし，**同じ権利や義務をもつ日本国民を創出することで国民の統合をはかる，国民国家の建設を目指しました**。さらに，**不平等条約の改正**→P.52のため，欧米諸国と同様に憲法を制定し，国会を開設しました→P.51。

全国を直接支配する中央集権体制の確立のために，新政府は，各大名（だいみょう）から土地（版）と人民（籍）を返還させる**版籍奉還（はんせきほうかん）**を行いました。ついで藩（はん）（大名の領地）を廃止して県を設置する**廃藩置県（はいはんちけん）**を断行しました。

新政府は，近代国家の基盤となる国民を把握するために，近代的な戸籍を作成しました。そして**近代的な土地制度と近代的税制を創設するため，地租（ちそ）改正（かいせい）を実施**しました。地券を交付して，地券所有者に地価の3%を地租とし

て現金で納入させる制度を定めたのです。こうして，新政府は安定的な収入を得られることとなりました。

　他に，**新政府は富国強兵を目指し殖産興業政策^{*1}をとり，産業革命の基礎を固めました**→P.54。**また，近代的な軍隊の創設も実現しようとしました。**政府は，国民全体を兵士とする軍隊の創設（国民皆兵）を試みました。**徴兵令**を出して，満20歳以上の男性に兵役の義務を課したのです。さらに，政府はすべての国民が教育を受ける国民皆学を実現するための**学制**を公布し，教育制度を定めました。

　また，**新政府は周辺国との国境画定に努め，主権が及ぶ領土をもつ主権国家**→P.37**の確立を目指しました。**政府は，**日清修好条規**を結んで清と対等な関係であることを示し，さらに**日朝修好条規**を結んで朝鮮が独立国であることを一方的に宣言しました。こうして，伝統的な中国中心の東アジアの国際秩序（冊封体制）を，日本中心の主権国家体制に置き換えていこうとしました。朝鮮をめぐる日本と清の対立は，後の**日清戦争**の原因となります。

　ロシアとは，幕末に日露和親条約で択捉島と得撫島以北の千島列島の間に国境を定めました。しかし，明治政府は**樺太・千島交換条約**を締結し，樺太をロシア領，千島列島全体を日本領としました。また，日本と清の両属関係にあった琉球を日本領として沖縄県を設置し，国境を画定させました。

日本も近代国家になるために，「国民」の創出，税制の整備，近代的な軍事制度，国境の画定が必要だったのですね。

それらを通じて，天皇を中心とした，国民の統合がなされたわけです。

*1　国家を支える基盤とするために産業や貨幣・金融制度を整備する政策。

第1章 近代化と私たち —日本の憲法制定・国会開設

キーワード 自由民権運動 内閣制度

大日本帝国憲法 帝国議会

Q 10 日本の憲法・国会はどのように整備されたのですか？

A
- 国会（議会）の開設を求める自由民権運動が展開。
- 民権派が政党の結成を進める一方で，天皇が大きな権限をもつ憲法の制定を政府が主導。

そもそも，なぜ日本は憲法を制定し，国会を整備しようとしたのですか？

一つには，不平等条約の改正のために，欧米諸国と同様の憲法・議会を備えた近代国家になる必要がありました。

　自由民権運動とは，国会を開設し，国民が政治に参加することを求める運動です。武力を背景に朝鮮を開国させる征韓論を主張していた西郷隆盛や板垣退助らは，政府を辞してそれぞれ活動します。板垣らは政府に**民撰議院設立の建白書**を提出し，自由民権運動が士族を中心に始まりました。

　一方で，政府への不満を高めていた士族は，各地で反乱を起こしました。西郷隆盛を中心とする反乱が**西南戦争**です。この西南戦争を最後に士族の反乱は収まり，以降，反政府運動は武力ではなく，言論で戦う自由民権運動が中心になりました。板垣退助らは，自由民権運動に賛同する民権派の組織化を目指しました。

　その頃，政府内では，国会開設や議院内閣制*1の採用などを主張する**大隈重信**と，大隈の主張を急進的と考えた**伊藤博文**が対立していました。伊藤は，大隈と民権派が同調しているとして政府から追放する一方で，民権派の反発をおさえるために，**1890年（明治23年）に国会を開設することを公約しました。これら一連の動きを**明治十四年の政変といいます。民権派は国会開設に備えて政党の結成を進め，政府は憲法制定に向けて動き出しました。

　政府は伊藤博文をヨーロッパに派遣し，伊藤は君主権の強いドイツ憲法を学んで帰国しました。伊藤は憲法制定の準備を開始するとともに，行政を担う**内閣**制度を整え，初代の内閣総理大臣（首相）に就任しました。

　欧米諸国以外では，1876年にオスマン帝国 →P.45 が憲法を制定しましたが，翌々年に停止しました。そのため，1889年2月11日に発布された**大日本帝国憲法**が，欧米諸国以外で最初の近代的な憲法となりました。**大日本帝国憲法では，天皇が元首（国家の首長）として統治する天皇主権が定められ，戦争の開始と終了，軍隊の編制・指揮など様々な天皇の権限が明記されました。**そのもとで，立法は**帝国議会**，行政は内閣，司法は裁判所が，それぞれ天皇を補佐することとされました。帝国議会は特権階級からなる貴族院と国民が選挙で選んだ議員からなる衆議院で構成されました。**内閣は政策を進めるうえで議会の協力が必要であり，衆議院を基盤とする政党の影響力がしだいに強まっていきました。**

> 内閣（首相）は議会に責任を負わず，議会の権限も限定的でした。選挙権も男性の高額納税者に限定され，議会制民主主義は不十分なものでした。

*1　内閣が議会に対して責任を負い，議会の信任に基づいて存立する制度。

第1章 〉 近代化と私たち
—日清戦争

キーワード 甲午農民戦争 下関条約

三国干渉

Q 11 日清戦争で日本・清・朝鮮はどうなったのですか？

A

- 日本は，植民地を獲得し，国際的地位が向上。賠償金を獲得し，重工業化など産業革命を推進。
- 清は，弱体化を露呈し，列強による進出が加速。
- 朝鮮は，清から独立し，大韓帝国と改称。

日清戦争の背景となった朝鮮をめぐる日本と清の対立を理解し，戦争後の国内情勢と清の弱体化に注目しましょう。

　日本が日朝修好条規（→P.49）で朝鮮を開国させて以降，朝鮮では日本にならって近代化を進めようとする改革派が台頭していました。一方，清は朝鮮に対する影響力をさらに強めようとしていました。そのため，日本と清は朝鮮をめぐって勢力争いを繰り広げるようになったのです。また，日本が朝鮮半島への関心を強めた背景には，ロシアの軍事力への脅威もありました。

　同じ頃，ロシアの東アジア進出を警戒したイギリスが日本に好意的になったことで，日本の目標であった不平等条約の改正交渉が進むことになりました。これにより，日清戦争の直前に日本は領事裁判権の撤廃に，明治時代末期には関税自主権（→P.44）の回復に成功しました。

　1894年，朝鮮では**甲午農民戦争**（東学 *1 の乱）が起こりました。朝鮮政

府の要請を受けた清が鎮圧のために出兵し，日本も対抗して出兵しました。農民反乱は収まりましたが，朝鮮の国内改革をめぐって対立を深めた日本と清は軍事衝突を起こし，**日清戦争**が始まります。翌1895年，**戦争は日本の勝利に終わり，日本は清と下関条約を結びました。この条約で清は，朝鮮の独立を認め，遼東半島・台湾・澎湖諸島を日本に割譲し，多額の賠償金を日本に支払うことなど**が定められました。

しかし，日本が遼東半島を獲得したことを警戒したロシアがフランス・ドイツとともに，遼東半島を清に返還することを要求しました。これを**三国干渉**といいます。この要求を受け入れた日本では，ロシアに対抗する世論が盛り上がりました。一方，**日本は賠償金をもとに軍備拡張と工業の発展を進めました**（→ P.55）。

> **ひとこと**
>
> ### 植民地・租借・保護国
> **植民地**は，他国からの移住者や軍事的圧力を受けて，他国の領域に組み込まれ，独立国としての主権を失った地域のことです。**租借**は，他国の領土の一部を一定期間借りることです。**保護国**は，国家の主権の一部（外交権など）を他国にわたし，その保護下に入ることです。内政は維持されますが，干渉や制限を受け，植民地へとつながる事例も多く見られます。

清は，日清戦争での敗北で弱体化が明らかになり，**列強諸国は清から港湾の租借権や鉄道の敷設権など様々な権益を獲得しました。朝鮮の独立によって，東アジアでは，清を中心とする冊封体制は完全に崩壊し，主権国家体制に移行しました。**朝鮮では，日本の進出が強まったことによって，三国干渉で日本に圧力を加えたロシアに接近する動きも見られました。また，朝鮮は清の冊封体制から離れて，独立した主権国家であることを示すため，国名を**大韓帝国**（韓国）と改めました。

> 日清戦争の勝利で，国際的地位を高めた日本では，自分たちを列強の一員と考える国民意識が高まっていきました。

*1 19世紀後半，キリスト教（西学）に対抗して，儒教・仏教・道教に朝鮮の民間信仰を融合して創始された新宗教。甲午農民戦争は，その信徒が指導したので，東学の乱ともいう。

第1章 近代化と私たち
―日本の産業革命

キーワード 日本銀行 大阪紡績会社

製糸業の発展 官営八幡製鉄所

Q12 日本の産業革命はどのように進んだのですか？

A
- 日本銀行の設立による貨幣制度の安定が背景の一つ。
- 紡績業が成功，製糸業も発展して生糸輸出が拡大。日露戦争前後から，重工業も発展。

日本の産業革命の特色と，生活や貿易に及ぼした影響について理解しましょう。

　明治政府は，中央銀行として日本銀行を設立し，日本銀行券を発行させ，貨幣制度を安定させました。日本経済は，開港後の自由貿易 →P.47 により，イギリス製綿織物の流入で打撃を受けていましたが，**1880年代後半，綿糸を生産する紡績業などの軽工業を中心に，産業革命が始まりました。**

　紡績業の発展のきっかけとなったのは，**大阪紡績会社**の成功でした。大阪紡績会社では，輸入した綿花を原料に，欧米製の紡績機械を使用して綿糸を生産しました。生産された綿糸が輸出され，日清戦争後には，中国や朝鮮にも輸出が拡大され，輸出量が輸入量を上回るようになったのです。

　また，**幕末の開港以来，生糸は最大の輸出品で，生糸を生産する製糸業は海外に輸出して代金（外貨）を受け取る代表的な輸出産業でした。**1880年代後半以降，アメリカ合衆国向けの生糸の輸出が大幅に拡大し，日露戦争後には日本は清を抜いて，世界最大の生糸輸出国になりました。

生糸を輸出して得た外貨と日清戦争で得た賠償金は，軍備拡張だけでなく，重工業の発展にも使われました。政府は，重工業の基礎となる鉄鋼の国産化を目指して，福岡県に官営の八幡製鉄所を設立しました。さらに，賠償金をもとに，欧米諸国と同じ金本位制を確立しました。

ひとこと

金本位制

自国の通貨を金と交換したり（金兌換），金の自由な輸出入を保証する制度。通貨の価値が安定する利点がある一方，金の保有分しか通貨を発行できないので，大量の通貨を必要とする戦時や不況時には不利です。また，貿易は金を基準に決済されるので，貿易赤字になると金が流出し，その防止のため緊縮財政を行えば景気が悪化します。そこで，世界恐慌時に，各国は金本位制を離脱して，輸出に有利な通貨価値の引き下げを行いましたが，経済は混乱しました →P.75。

　鉄道は，初めは官営の事業として敷設されてきましたが，日本最初の民間鉄道会社である**日本鉄道会社**の成功をきっかけに，鉄道会社の設立ブームが起こりました。日露戦争後には，軍事的な目的もあり鉄道国有法が制定され，輸送の一元化が進みました。人や物資の輸送が円滑となって，産業の発展をより推進させていったのです。

　海運業においては，政府の保護を得た**日本郵船会社**が，世界の主要港を結ぶ定期航路を開設し，貿易の発展を支えました。さらに，アメリカ向け生糸や中国・朝鮮向け綿糸・綿布の輸出が増加し，これによりインドから綿花の輸入も増加しました。一方，重工業の発展に不可欠である鉄や機械は，欧米からの輸入に依存する状況が続きました。

日本は他のアジア諸国と違って，農産物や鉱物資源を輸出するのではなく，工業製品を輸出できる国になったのですね。

はい。日本は経済的な自立も維持したうえで，アジアに市場などを求めて進出していったのです。

第1章　近代化と私たち
──帝国主義

キーワード　帝国主義　第2次産業革命

植民地

Q13　列強はなぜ帝国主義を進めたのですか？

A

- 欧米諸国では，第2次産業革命を背景に，大銀行や国家と結びついた大企業が出現。資本主義の拡大のために，市場・原料供給地や資金の投資先となる植民地・従属地域の獲得を必要としたから。
- 帝国主義は，国民統合の手段としても機能したから。

18世紀後半にイギリスから始まった産業革命〔→P.38〕は，綿工業などの軽工業が中心で，石炭・蒸気力を動力源とするものでした。1870年代になると欧米諸国では，動力源として石油・電力が本格的に利用されるようになり，鉄鋼・機械などの重工業や化学工業が発達しました。この重化学工業を中心とした技術革新を，第2次産業革命といいます。

第2次産業革命は，大規模な設備や巨額の資金，高度な科学技術を必要としました。さらに，1870年代半ばから1890年代までは長期的な不況でもあり，欧米諸国の企業は，資金や新しい技術を獲得して，不況を乗り切ろうとしました。そのために，銀行や国家との関係を強めたり，企業どうしの合併や大企業による中小企業の吸収などを進めたりしました。結果的に，大銀行と結びついた少数の大企業が国内市場を独占的に支配して莫大な利益をあげ，国家の政策を左右するまでになりました。

　こうした状況下で，いっそうの経済成長と利益拡大をはかろうとすれば，**巨大化した国内産業のための市場や原料の供給地，あり余る国内資金の投資先を国外に求める必要**がありました。そこで，**資本主義の進んだ欧米諸国は，**産業界と連携しながら，圧倒的な経済力・軍事力を背景に，**植民地**や従属地域の獲得・拡大を目指し，世界各地に進出して激しい競争を繰り広げたのです。以上のような**列強諸国の侵略的な植民地獲得の動きを帝国主義**と呼びます。この時期に，アフリカや太平洋地域はほぼ植民地として分割しつくされ，アジアの大部分も植民地化・従属地域化されました`→P.44`。

　古代のローマ帝国なども，利益を求めて領土を拡大しましたよね。それらとは異なる近代の帝国主義の特徴は，どのような点でしょうか。

　近代の帝国主義の特徴は，資本主義国が利益を拡大し続けるために対外進出を行ったことです。多くの国が同時に植民地獲得を目指し，「世界の一体化」と世界分割が進みました。

　列強諸国の政府は，帝国主義を促進することで，有色人種を劣等とみなす人種主義や**自国の優越をうたう排外的ナショナリズム**を強調して，貧富の差などの国内問題に対する国民の不満を外にそらすとともに，**国民統合を強化**していきました。日清戦争・日露戦争で台頭した日本も，植民地をもつ帝国主義国家の一員となり`→P.53, 59`，列強諸国間の対立は，第一次世界大戦`→P.66`を招くことになりました。

ポイント！

第2次産業革命	産業の大規模化	帝国主義
・石油・電力が動力源 ・重化学工業が中心	・銀行と結びついた大企業の出現 ・市場・原料供給地・資金投下先が国外に必要	・列強の植民地獲得競争

第1章	近代化と私たち —日露戦争

キーワード 義和団戦争 日英同盟

日露戦争 韓国併合 辛亥革命

Q14 日露戦争で日本と周辺の国はどうなったのですか？

A
- 日本は，韓国の指導権を得て植民地支配を推進。
- ロシアは，南満洲・朝鮮から撤退してバルカン半島へ。
- 清朝の打倒を目指す革命運動が活発化。

日清戦争に敗れた清では，列強諸国の進出が激化しました。この動きに対し，排外的な宗教結社の義和団が，北京にある各国の公使館を包囲し，清も義和団に同調して列強に宣戦しました（**義和団戦争**）。日本・ロシアを中心とする列強の連合軍が出兵し，義和団と清を破りました。清は巨額の賠償金の支払いと，列強の軍隊の北京駐留を認めさせられました。

ロシアは，義和団戦争後も，満洲（中国東北部）に駐留を続けました。これを警戒する日本とイギリスは日英同盟を結び，1904年に日露戦争が始まります。戦争は日本優位に展開しましたが，日本の戦力と財政は限界に達してしまいます。そこで，アメリカ合衆国の仲介を受け，**ポーツマス条約を結ぶことで講和が成立しました。ポーツマス条約によって，ロシアは韓国に対する日本の指導権を認め，ロシアがもっていた遼東半島の旅順・大連の租借権と長春以南の鉄道とその付属の権益などを日本にゆずることを認めました**が，ロシアによる日本への賠償金の支払いは認められませんでした。日本では，賠償金が取れなかったことに反発して，講和に反対する**日比谷焼打ち事件**が起こりました。

日露戦争でロシアを退けた日本は，韓国の外交権を奪って保護国 →P.53 とし，続いて内政権も奪い，1910年に**韓国を併合**しました。日本の植民地となった韓国は朝鮮と改称され，日本は**朝鮮総督府**を設置し，軍事力を背景に高圧的な統治を進めました。

ひとこと

日露戦争とアジア

アジアの新興国日本が大国ロシアに勝利したことは，インドやベトナムなどの民族運動に影響を及ぼしました。しかし，日本国民のなかには列強に並ぶ「一等国日本」という意識がめばえ，日本がアジアの指導的立場にあると考える人も現れました。その結果，アジア諸地域における日本への期待は，しだいに失望に変わっていきました。

ポーツマス条約によって，中国の長春以南の鉄道の権利を獲得した日本は，**南満洲鉄道株式会社**（満鉄）を設立しました。日本とロシアは日露協約を締結し，満洲の権益を調整しました。**ロシアは極東への進出を諦め，バルカン半島への南下を目指して，ドイツと対立するようになりました。一方，ロシアの極東での南下の脅威が去り，イギリスもロシアとの提携に転じました。**南満洲への進出を強める日本に対して，**門戸開放**[*1]を唱えて清への経済進出をねらうアメリカは，しだいに日本と対立していきました。

こうして，イギリス・ロシアなどがドイツを包囲する構図が生まれ，第一次世界大戦につながっていきます。

清では，義和団戦争敗北後，大日本帝国憲法を模範とした憲法大綱が発布されるなど立憲改革が進みました。一方，清朝打倒の革命運動もさかんになりました。日露戦争の影響を受けた孫文は，東京で革命諸団体を大同団結させた中国同盟会を結成しました。1911年，**辛亥革命**が起こり，翌年共和国の**中華民国**が成立し，孫文は臨時大総統に就任しました。その後，清を打倒した袁世凱が政権を握りましたが，共和政は安定しませんでした。

*1 諸外国の経済活動のために港や市場を開放すること。アメリカは中国進出に出遅れていた。

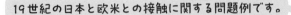

実際の共通テスト問題を見てみよう

> 19世紀の日本と欧米との接触に関する問題例です。

（2022年試作問題『歴史総合，世界史探究』）

19世紀のアジア諸国と欧米諸国との接触について，生徒と先生が話をしている。

先生：19世紀はアジア諸国と欧米諸国との接触が進んだ時期であり，アジア諸国の
　　　人々と欧米諸国の人々との間で，相互に反発が生じることがありました。例えば
　　　日本の開港場の一つであった横浜の近郊では，薩摩藩の行列と馬に乗ったイギリ
　　　ス人の一行との間に，図に描かれているような出来事が発生しています。それで
　　　は，この出来事に関連する他の資料を図書館で探してみましょう。

（この後，図書館に移動して調査する。）

高橋：横浜の外国人居留地で発行されていた英字新聞の中に，この出来事を受けて
　　　書かれた論説記事を見つけました。

（ここで，高橋が英字新聞の論説記事を提示する。）

中村：この記事は，現地の慣習や法律に従わなかったイギリス人の行動を正当化し
　　　ているように見えます。また，この出来事が，イギリス側でも，日本に対する反
　　　発を生んだのだと分かります。

先生：そのとおりですね。一方で，アジア諸国が欧米諸国の技術を受容した側面も
　　　大事です。19世紀のアジア諸国では，日本と同じく欧米の技術を導入して近代化
　　　政策を進める国が現れました。

問　文章中の図として適当なものあ・いと，後の年表中のa〜cの時期のうち，図
　　に描かれている出来事が起こった時期との組合せとして正しいものを，後の①〜
　　⑥のうちから一つ選べ。

図として適当なもの

あ

い

日本の対外関係に関する年表

1825年　異国船を撃退するよう命じる法令が出された。

　　　　　a

　　　　　上記法令を撤回し，異国船への燃料や食料の支給を認めた。

　　　　　b

❸　イギリス艦隊が鹿児島湾に来て，薩摩藩と交戦した。

　　　　　c

1871年　清との間に対等な条約が締結された。

① あ － a　　② あ － b　　③ あ － c
④ い － a　　⑤ い － b　　⑥ い － c

あ・いの図は見たことがないですね……。

図は見たことがなくても会話文の内容から判断できるようになっています。

幕末の日本の対外関係は，複雑なので自信がありません……。

問題文と年表から，薩摩藩とイギリスの対立が読み取れるので，知識に自信がなくても解けますよ。与えられた図もよく見て考えてみましょう。

　横浜近郊で起きた，薩摩藩とイギリス人との間での衝突を描いた図を選択し，またこの出来事が，19世紀の「日本の対外関係に関する年表」のなかのどこにあてはまるかを選択し，その組合せを答える問題です。

　まず，文章中の図にふさわしいのは**あ・い**のどちらかを考えてみましょう。
　文章中に❶「横浜の近郊では，薩摩藩の行列と馬に乗ったイギリス人の一行との間に，図に描かれているような出来事が発生しています」とあります。この出来事は生麦事件のことを指します。

生麦事件とは，1862年，薩摩藩の島津久光一行が江戸から帰る途中，横浜近郊の生麦村で，馬に乗っていたイギリス人4名が一行の行列を乱したとの理由で，そのうち3名を殺傷した事件です。

　しかし，この事件の内容がうろ覚えでも，**あ・い**の図を比べてみると，**い**の図では，❷馬に乗って洋服を着た人物（イギリス人と考えられる）を襲っている様子がわかるので，こちらが適当であると判断できます。ちなみに，**あ**は桜田門外の変を描いた図です。桜田門外の変で殺された井伊直弼が籠の外に引き出されている場面です。

次に，年表について考えてみます。これも，知識に自信がなくても，年表を読み解くことができれば正解を導き出せます。

年表中の**b**の直後の❸「イギリス艦隊が鹿児島湾に来て，薩摩藩と交戦した」とは，薩英戦争のことを指します。年表の前後関係から，**薩摩藩の一行がイギリス人を襲った（生麦事件）→その事件の報復のために薩英戦争が起こった，という流れが妥当**だと考えられるので，**b**が正しいと判断できます。

年表の年号を示すと，次のようになります。

> 異国船を撃退するよう命じる法令が出された（**1825年：異国船打払令**）→上記法令を撤回し，異国船への燃料や食料の支給を認めた（**1842年：天保の薪水給与令**）→薩摩藩がイギリス人を襲った（**1862年：生麦事件（b）**）→イギリス艦隊が鹿児島湾に来て，薩摩藩と交戦した（**1863年：薩英戦争**）→清との間に対等な条約が締結された（**1871年：日清修好条規**）

もちろん，これらの年号を覚えていれば簡単に正解できますが，上記のとおり，**年表の前後関係を読み解くことでも解答できます。**

よって，**い**と**b**の組合せで，解答は⑤に決まります。

> このような問題は，もっている知識に加えて「問題文や資料を読み解く」ことが重要になります。出来事の前後関係も論理的に推測して解くようにしましょう。

第2章 国際秩序の変化や大衆化と私たち ─大衆化

キーワード 大衆化 普通選挙

マスメディア 総力戦

Q 15

大衆化とはどういうことですか？

A

- 政治・社会・文化などが，大衆を主役とするものに移行すること。
- 参政権の拡大，教育の普及，マスメディアの発達などを背景に促進。第一次世界大戦で加速。

19世紀後半以降，第2次産業革命→P.56と帝国主義→P.57を進めた欧米諸国では，工業生産の増大や植民地（しょくみんち）からの利益などによって，労働者の賃金上昇や生活水準の向上が見られました。都市は，多くの人々が移住して繁栄し，急増した**事務職（ホワイトカラー）**などの**新中間層**が近代的な都市生活・都市文化を謳歌（おうか）しました。

> **ひとこと**
>
> ### 中間層（中産階級）
>
> **中間層**とは，資本主義社会においては，資本家→P.38層と下層労働者との間に位置する諸階層を指します。もともとは，自作農・手工業者・商人などの伝統的な自営業者が該当しました。その後，資本主義の発達にともなって，技術者・専門職や事務系サラリーマン（ホワイトカラー）のように生産作業に直接従事しない賃金労働者が大量に生み出されると，彼らを区別して**新中間層**と呼ぶようになりました。

同時に，各国で**選挙権の拡大や男性普通選挙の実現**など，**人々の政治参加が進み**，政党の結成も相次ぎました。また，**初等教育の普及**によって識字率が上がったことで，**巨大（きょだい）な発行部数を誇る新聞や雑誌などのマスメディアが発達**し，膨大な量の情報が共有されるようになりました。

こうして，一部の指導者や富裕層・エリートをのぞく無数の一般の人々は，大量生産された工業製品や，似たような教育・情報・生活様式に囲まれて，**画一化・均質化された存在**となっていきました。彼らを**大衆**と呼び，**政治・社会・文化などが大衆を主役とするものに移行することを，大衆化**といいます。大衆は，選挙権の拡大を背景に政治的影響力を強め，社会運動などを通して自分たちの要望の実現をはかろうとしました。日本では，日比谷焼打ち事件 →P.58 や第一次護憲運動 →P.72 などが起こり，政府は大衆の動向を軽視できないことを悟りました。

　大衆化が加速する大きな契機となったのが，第一次世界大戦でした。**国民全体が自国の戦争遂行に動員される**総力戦**体制** →P.66 となったことで，人々は戦争協力への見返りに様々な権利を要求するようになりました。その結果，**欧米諸国では，男性普通選挙や女性参政権が実現し，民主主義が発展**しました。日本でも，民主主義を求める**大正デモクラシー**の風潮 →P.72 のなか，男性普通選挙が実現しました →P.73 。また，戦争継続への不満から帝政を打倒し，社会主義政権を樹立した**ロシア革命** →P.67 も，政治の大衆化の一例といえます。一方，第一次世界大戦後は，植民地・従属地域でも大衆運動がさかんになりました。イギリスの植民地であった**インドでは，ガンディーの指導する非暴力・不服従の民族運動に，大衆が大規模に参加**しました。

大衆の大きな力によって，政治や社会が動かされ，民主主義（デモクラシー）が進展したのですね。

はい。ただ，第一次世界大戦後のイタリアやドイツでは，ファシズムが巧みな宣伝で大衆の心をつかみ，政権を獲得しました →P.76 。大衆が権力者やマスメディアに操作されやすいという側面にも注意する必要があります。

Q 16 第一次世界大戦はどのような影響を与えたのですか？

A

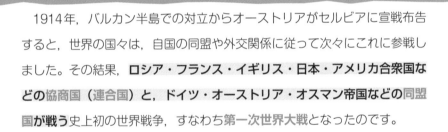

- 総力戦を背景に，男性普通選挙の普及や女性参政権が実現。植民地では，民族運動が活発化。
- ヨーロッパ諸国の疲弊と，アメリカの影響力の増大。ロシア革命によって社会主義政権が成立。
- アジアは好況となり，大衆的政治運動が高揚。

1914年，バルカン半島での対立からオーストリアがセルビアに宣戦布告すると，世界の国々は，自国の同盟や外交関係に従って次々にこれに参戦しました。その結果，ロシア・フランス・イギリス・日本・アメリカ合衆国などの協商国（連合国）と，ドイツ・オーストリア・オスマン帝国などの同盟国が戦う史上初の世界戦争，すなわち第一次世界大戦となったのです。

長期化する戦争を勝ち抜くため，各国で国民を総動員する総力戦体制がとられました。男性は徴兵などによって広く戦場に動員され，労働力不足となった職場や軍需工場で女性が働きました。大戦前には政府と対立していた社会主義政党なども自国の戦争遂行に協力し，また，植民地の人々も兵士や労働力として大規模に動員されました。こうした状況下で，労働者や女性の政治参加を求める声が強まり，大戦中から戦後にかけて，欧米諸国を中心に男性普通選挙が普及し，イギリス・ドイツ・アメリカなどで女性参政権が実現しました。一方，植民地では，自治・独立を求める民族運動が活発化しました。

第一次世界大戦は，４年あまり続いたのですよね。なぜ長期化したのですか？

機関銃の攻撃に対して溝を掘って防御する塹壕戦（ざんごうせん）が主流になり，戦線が膠着（こうちゃく）しました。また，重化学工業の発展を背景に，毒ガス・戦車・飛行機・潜水艦（せんすいかん）など高度な兵器の大量生産が可能となり，各国の戦争継続を支えたことも一因です。

　第一次世界大戦の勝敗は，総力戦を担う国民の結束力に加え，兵器や物資を供給し続ける工業力にも左右されました。**当初中立であった世界最大の工業国アメリカが，1917年に協商国側で参戦**すると，協商国側が優勢となり，工業力で劣る**同盟国側が翌年降伏（こうふく）**して大戦は終結しました。**ヨーロッパ諸国が大戦で疲弊する一方，アメリカの国際的影響力は増しました。**協商国側でも，国民統合や工業力の弱いロシアで，総力戦への不満から1917年に**ロシア革命**が起こり，帝政が倒れ，**世界初の社会主義政権（ソヴィエト政権）が成立**しました。翌年，**ロシアは大戦から離脱**しました。

　大戦中，各国は自陣営を強化するために，秘密外交を含む様々な外交を展開しました。なかでも**イギリスは，アラブ人とユダヤ人の戦争協力を得るために，それぞれにパレスチナにおける独立を約束する矛盾した外交**を行い，これが現在まで続くアラブ人とユダヤ人のパレスチナをめぐる激しい対立（パレスチナ問題）の原因となりました →P.97 。

　戦争のためヨーロッパの企業や資金が引き上げた**アジアでは，工業製品の生産が増大して好況となり，これを背景に大衆的政治運動が高揚**します。大戦景気に沸く日本では，米騒動（こめそうどう）を機に本格的な政党政治が始まりました →P.72 。また，列強の支配や進出を受けた地域では，**民族自決（じけつ）→P.68 やロシア革命の影響などもあり，民族運動・独立運動がさかん**になりました。

Q 17 第一次世界大戦後の世界の枠組みはどのようになったのですか？

A

- 国際協調と軍縮を目指す気運が高揚。
- ヨーロッパ中心にヴェルサイユ体制が成立。民族自決で東ヨーロッパに独立国が誕生。国際連盟の創設。
- 東アジア・太平洋地域では，ワシントン体制が成立。

　第一次世界大戦末期，**アメリカ合衆国大統領のウィルソン**が，**十四か条の平和原則を発表**しました。その内容は，**軍備縮小**，**民族自決***1，国際平和機構の設立などで，大戦終結後の**パリ講和会議の基本原則**となりました。戦勝国は，講和会議で一方的に決定した厳しい講和条約を，敗戦国に課しました。なかでも，敗戦国の中心となった**ドイツが連合国と結んだヴェルサイユ条約**は，**すべての海外植民地の放棄，アルザス・ロレーヌのフランスへの割譲，大幅な軍備制限，巨額の賠償金**など，非常に過酷なものでした。

　講和会議の結果，大戦中の**ロシア革命で崩壊したロシア帝国**や，**敗戦で解体したオーストリア＝ハンガリー帝国**から，**ポーランド**をはじめ多くの国々が民族自決の原則に基づいて独立を承認されました。一方，ドイツが放棄したアフリカ・太平洋諸島の植民地や，同じく敗戦国のオスマン帝国が放棄したアラブ地域といった**非ヨーロッパ地域は，民族自決が適用されず，戦勝国が統治を委任される形で**（**委任統治**），事実上の植民地支配を行いました。日本も，赤道以北の旧ドイツ領南洋諸島を委任統治領としました。

第一次世界大戦前の東ヨーロッパは，複雑な民族問題を抱えていましたね。大戦後に民族自決が認められて，問題は解決したのですか。

イギリスやフランスが東ヨーロッパ諸国を独立させたのは，ロシア革命の影響を防ぐ目的もありました。そのため，少数民族問題が解決されなかった新興国が多く，ユーゴスラヴィア内戦など現代の民族紛争の原因にもなりました。

また，恒久的な国際平和機構として，国際連盟が発足（ほっそく）しました。これは，大戦前の軍事同盟などに代えて，集団安全保障[*2]の思想を制度化した点が画期的でした。日本は，常任理事国の一国となりました。

以上のように，ヨーロッパ中心に形成された第一次世界大戦後の国際秩序をヴェルサイユ体制といいます。一方，アメリカは，ワシントン会議を開催し，太平洋諸島の現状維持や日英同盟の解消を決めた四か国条約，中国の主権尊重や門戸開放などを確認した九か国条約，アメリカ・イギリス・日本など主要国の主力艦保有を制限する海軍軍備制限条約を成立させました。これらにより，大戦中に日本が台頭した東アジア・太平洋地域において，新たにアメリカ主導の国際秩序，すなわちワシントン体制が形成されました。

大戦の再発防止のために，様々な国際協調の努力がなされたのに，結局，第二次世界大戦を防げなかったのですね。

講和条約の内容が報復的で，敗戦国に不満が残りました。また，国際連盟は，大国のアメリカが終始加盟しなかったことや違反国に軍事制裁を課せなかったことなど不備がありました。これらも，第二次世界大戦の遠因と考えられます。

*1　各民族が他国に干渉（かんしょう）されることなく，自民族の帰属（きぞく）や政治組織を決定するべきであるという考え。一民族一国家の理念につながる。

*2　ある加盟国に対する攻撃を，すべての加盟国への攻撃とみなして，攻撃された国を防衛する義務を全体に負わせる仕組み。

第2章　国際秩序の変化や大衆化と私たち —大衆消費社会

キーワード　大衆消費社会　債権国　自動車

大量生産・大量消費　アメリカ的生活様式

Q18　大衆消費社会とは何ですか？どうして始まったのですか？

A

- 大衆消費社会とは，都市の大衆を主な担い手とした大量生産・大量消費を特徴とする社会。
- 第一次世界大戦後，債権国として繁栄したアメリカで，自動車・家庭電化製品などが普及したから。

　ヨーロッパは，第一次世界大戦で主な戦場となり，戦勝国も敗戦国も大きく疲弊しました。一方，**国土が戦争の被害を直接受けなかったアメリカ合衆国と，ロシア革命を経て成立した社会主義国のソ連が，大戦後の世界で台頭**しました。とくに**アメリカは，大戦中，イギリス・フランスなどに物資の提供や資金の貸付を行っただけでなく，最終的に連合国側で参戦して，その勝利に大きく貢献**しました。そのため，国際的発言力が強まり，経済的にも**債権国** [*1] として利益をあげ，国際金融の中心は，イギリスのロンドンから，アメリカのニューヨークに移っていきました。

　大戦後のアメリカは，議会が拒否したため，国際連盟には加盟しませんでしたが，**ワシントン体制** →P.69 **や不戦条約** [*2] を主導して，国際協調を推進しました。また，**ドイツに融資を行って経済復興を支援し，イギリス・フランスなどへのドイツの賠償支払いを円滑化**させたため，ヨーロッパ経済が安定しました。同時に，イギリス・フラ

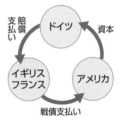

▼アメリカによるドイツ援助

ンスのアメリカへの戦債（戦時債務）支払いも進みました。

　こうした国際情勢のなか，1920年代のアメリカ国内では，巨大な経済力に応じた新しい社会が生まれ，かつてない繁栄の時代を迎えました。すでに**フォード**が，ベルトコンベアによる流れ作業方式の導入で，**自動車の大量生産と低価格化に成功**していましたが，大戦後は，**冷蔵庫・洗濯機といった家庭電化製品**や日用品など，他の産業にもこの大量生産システムが拡大しました。そして，**大量生産された商品を大量に消費したのが，同時期に都市で増加したホワイトカラーなど**，新中間層 →P.64 を中心とした購買力のある人々でした。マスメディアによる商品の宣伝広告が，彼らの購買意欲をいっそう刺激しました。また，**映画やジャズ音楽，プロスポーツ観戦などの大衆娯楽**が広がり，**ラジオ放送**も始まりました。

　大衆消費社会とは，以上のような**都市の大衆が主な担い手となった大量生産・大量消費・大衆文化を特徴とする社会**のことです。そこで営まれた**アメリカ的な生活様式**は，豊かな生活の象徴となって，ヨーロッパや日本，世界へと広がり，現代の資本主義社会を形づくっていくことになりました。

資源も市場も無限ではないですよね？　大量生産・大量消費の生活スタイルがいつまでも続くとは思えないのですが。

実際にアメリカでは，まもなく過剰生産を一因とした不況に陥り，これが世界恐慌に発展しました。そして，「持続可能な社会」が差し迫った課題である現在，地球環境に大きな負担をかける大量生産・大量消費の見直しが求められています。

*1　資金を他国に貸付けていて，取り立てる権利をもつ国。
*2　国際紛争解決の手段としての戦争を禁止することを定めた。アメリカとフランスの提唱で，1928年に日本を含む15か国が調印し，のち参加国は63か国まで増加した。

第**2**章　国際秩序の変化や大衆化と私たち
―大正デモクラシー

キーワード　大正デモクラシー　普通選挙運動

社会運動　労働運動

Q 19　大正時代になぜ社会運動・労働運動がさかんになったのですか？

A
- 第一次護憲運動や米騒動（こめそうどう）など，大衆運動が高揚（こうよう）したから。
- 第一次世界大戦の影響を受けた世界各地の大衆運動や，ロシア革命の刺激があったから。
- 大戦景気により工場労働者数が増加したから。

大正デモクラシーの風潮が日本の政治や社会にどのような影響をもたらしたのか理解しましょう。

　日本では，大正時代に入った頃，藩閥政治（はんばつ）（特定の藩出身者が独占した政治）に反発する大衆運動（第一次護憲運動）によって内閣が倒され（大正政変），普通選挙運動（普選運動）の機運も高まりました。同時期の世界では，第一次世界大戦の影響で，労働者の権利拡大や大衆の政治参加を求める動きが強まり，また，ロシア革命も起こりました→P.67。

　大戦景気→P.67は資本家をうるおした反面，物価も上昇したため，人々の生活は苦しくなりました。とくに，政府がロシアの社会主義政権への干渉（かんしょう）を目指してシベリア出兵を宣言すると，軍で米が必要になると見込んだ商人が米を買い占め，米価が急騰（きゅうとう）しました。これに対して，米の安売りを求める米騒動が全国各地で起こりました。米騒動を機に，立憲政友会（りっけんせいゆうかい）の原敬（はらたかし）を首相とする本格的な政党内閣が成立しました。

また，大正時代になると，高等教育機関の拡充やマスメディアの発達を背景に，人々の間で政治への関心が高まりました。吉野作造は「デモクラシー」の訳語として民本主義を唱え，普通選挙制度に基づく政党内閣の実現を主張しました。この頃，美濃部達吉が主張した天皇機関説も，政党内閣を支える理論でした。

> **ひとこと**
>
> **民本主義と天皇機関説**
>
> 民本主義とは，政治の目的を民衆の利益と幸福に置き，政策決定において選挙による民意を尊重する思想です。天皇機関説とは，主権 →P.37 は天皇ではなく国家にあり，天皇は国家の最高機関として，憲法の枠内で統治するという思想です。

社会運動・労働運動の具体例を見てみましょう。**大戦景気によって工場労働者数が急増**し，労働者の地位の向上を目指した**友愛会は**，労働組合の全国組織へと発展し，農村でも，小作料引き下げを求める**小作争議を指導する日本農民組合が結成**されました。ロシア革命の影響で，**非合法のうちに日本共産党が結成**されました。女性の地位向上を主張する**新婦人協会も結成**され，**さらに女性参政権の獲得を目指す運動も始まりました。**また，**全国水平社が結成**され，**部落解放運動も本格化**しました。

大正政変後，男性の普通選挙権獲得を目指す運動がさかんになり，1925年に普通選挙法が成立しました。同時に，共産主義思想の影響を受けた，天皇制の打倒や私有財産制度の否認を目的とする運動を取りしまる治安維持法が制定されました。以上のような**大正時代（1912〜26年）に高揚した，民主政治・自由主義を目指す風潮を大正デモクラシー**といいます。

せっかく民主主義の風潮が高まったのに，このあと日本では軍部の発言権が強まりますよね？

民意の支持を受けて政権を獲得した政党が，政権争いに明け暮れたため，国民の失望を招き，代わって軍部への期待が高まることになりました。

国際秩序の変化や
大衆化と私たち
—世界恐慌

キーワード　世界恐慌　ニューディール

ブロック経済

Q20 世界恐慌はどのような影響を与えたのですか？

A

- アメリカなどで国家が積極的に経済に介入。
- ブロック経済の形成により，自由貿易が阻害。
- 第一次世界大戦後の国際協調体制の崩壊。

世界恐慌の原因と日本への影響，世界恐慌から脱出をはかる各国の動向を理解しましょう。

　1920年代後半，アメリカ合衆国やヨーロッパ諸国の内政・経済が安定し，国際協調が進みました。ところが，アメリカで好景気による過剰生産などを原因として，1929年にニューヨークのウォール街の株式市場で株価が大暴落しました。その結果，銀行や企業が次々と倒産し，街には失業者があふれました。**アメリカ経済に依存していたヨーロッパや日本などにも恐慌が波及し，世界恐慌**となりました。

　世界恐慌が発生した当時，アメリカは国家の経済への介入は最小限にするべきという姿勢を守っており，恐慌への対応に消極的でした。しかし，その後大統領になった**フランクリン＝ローズヴェルト**は，工業製品や農産物の生産調整や失業者対策として公共事業を行うなど，**国家が積極的に経済に介入するニューディール**で景気の回復を目指しました。

日本はすでに，1920年代，大戦景気が終了し，関東大震災[*1]や銀行の経営悪化を原因とする慢性的不況に陥っていました。さらに，世界恐慌の影響を受け，輸出はいっそう減少し，企業の倒産が相次ぎ失業者が急増して，深刻な昭和恐慌が発生しました。とくに，米価の下落や，アメリカ向け生糸輸出の不振から原料の繭の価格が暴落し，農村は窮乏しました。

一方，社会主義の計画経済を行っていたソ連は，世界恐慌の影響を受けず，経済成長を続けました。ソ連の成長は，恐慌に苦しむ資本主義諸国に強い印象を与え，各国で国家による経済介入が試みられました。当時，各国は金本位制→P.55をとっていましたが，イギリスが金本位制を離脱すると，日本やアメリカなどもこれに続きました。こうして，国際経済の一体性は崩れていきました。

イギリス・フランス・アメリカなど植民地や勢力圏を多くもつ国は，貿易の促進によって景気を回復するため，**ブロック経済**を形成しました。**日本・ドイツ・イタリアなど，植民地や勢力圏に乏しい国は，これによって打撃を受け，国外に領土を広げることで恐慌から脱出しようとしました。これらの国の行動が，ヴェルサイユ体制・ワシ**ントン体制を崩壊させ，第二次世界大戦につながることになります。

ひとこと

ブロック経済

自国の通貨を基準に，植民地・勢力圏との間に排他的な経済圏（ブロック）を形成すること。ブロック内には特恵関税（低関税），ブロック外には高関税を課し，ブロック内での貿易促進により景気の回復をはかりました。しかし，世界の貿易が縮小して経済的に弱体な国が打撃を受け，国際対立を激化させることにもなります。

各国が自国の経済回復を優先させたり，ブロック経済を形成して自由貿易を阻害したりすれば，第一次世界大戦後の国際協調体制は崩れることになりますよね。

*1　1923年9月1日に発生。マグニチュード7.9，死者・行方不明者は10万人以上。

第2章 国際秩序の変化や大衆化と私たち —ファシズム

キーワード ファシズム ファシスト党

ムッソリーニ ナチ党 ヒトラー

Q 21 ファシズムとは何ですか？ なぜ台頭したのですか？

A
- ファシズムとは，独裁的（どくさいてき）な指導者が反共産主義・反民主主義を掲げ，極端（きょくたん）なナショナリズムのもと，暴力や対外侵略によって国民統合をはかる動き。
- 不況（ふきょう）や世界恐慌（きょうこう）の影響で支持されるようになったから。

1920年代，民主主義が成長するとともに共産主義も台頭する一方，**ファシズム**と呼ばれる動きがイタリアで生まれました。イタリアは，第一次世界大戦の戦勝国でありながら，領土要求が満たされず，ヴェルサイユ体制への不満が高まっていました。共産主義の活動も活発化するなか，**ファシスト党**の**ムッソリーニ**は，**新中間層**→P.64だけでなく，資本家・地主・軍部など保守勢力の支持も得て政権を獲得し，一党独裁体制を確立しました。さらに，対外侵略を行って，国民の支持を得ました。

ファシズムは世界恐慌を機に各地に広まりました。ドイツでは，**ヒトラー**が国民社会主義ドイツ労働者党（**ナチ党**）の党首として，**ヴェルサイユ体制の打倒**を主張し，さらに反共産主義や反民主主義を掲げました。世界恐慌で失業者が急増すると，ナチ党は巧（たく）みな大衆宣伝で国民の支持を得て，選挙で第1党となり，政権を獲得し，国会の立法権を政府に与える全権委任法（ぜんけんいにんほう）を成立させ，独裁体制を確立しました。また，**国際連盟から脱退（だったい）**して，ヴェルサイユ条約で禁じられていた再軍備（さいぐんび）を宣言し，その後，対外侵略を始めました。

このように，**ファシズム体制では反共産主義・反民主主義を唱える独裁的な指導者のもと，議会制が否定され，言論など国民の自由は統制されました**。また，国民の団結をはかるため，**極端なナショナリズム**→P.42が強調されました。体制に同調しない者は暴力的に弾圧され，その際に，ナチ党がユダヤ人を迫害したように，人種差別や少数者の排斥が行われることもありました。対外的には，軍備の拡大と領土の拡張を目指しました。

どうしてこのようなファシズム体制を国民は支持したのですか？

たとえばドイツでは，軍需産業や公共事業などによって失業者を激減させたことが，大きな要因と言えるでしょう。

　一方で，ファシズムに対抗して，反ファシズムの動きも強まります。反ファシズムの姿勢をとり，国際的地位が高まったソ連は，国際連盟への加盟が認められました。また，共産主義者・社会主義者だけでなく自由主義者らも参加して，各地で反ファシズム連合の**人民戦線**が結成されました。

　同時期の日本でも，慢性的不況で→P.75軍国主義・全体主義化の動きのなか，満洲などへの対外侵略に活路を見出す声が高まりました。**満洲事変**→P.79の頃から，軍部や国家主義者らは，政党・財閥などが日本のゆきづまりの原因であると主張するようになりました。1932年には犬養毅首相が暗殺される**五・一五事件**→P.79が起こって政党政治は終焉し，1936年には陸軍青年将校が政府要人を暗殺した**二・二六事件**も起こりました。この結果，国内では陸軍の発言力が高まることになりました。

ドイツの再軍備・対外侵略とイタリアの対外侵略によってヴェルサイユ体制は崩壊し，日本の満洲事変によってワシントン体制は崩壊に向かいました。

第2章

国際秩序の変化や
大衆化と私たち
―満洲事変

キーワード 蔣介石 柳条湖事件 満洲事変

満洲国建国 国際連盟脱退

Q22 満洲事変の背景と影響はどのよう
なものですか？

A
- 背景：日本国内の慢性的不況や軍の発言権の強化が
あり，柳条湖事件を機に満洲事変が勃発。
- 影響：日本は国際連盟を脱退し，国際的に孤立した。

満洲事変の背景と経緯を理解し，日本が国際的に孤立して
いった過程と国内世論などにも注目しましょう。

　1920年代，中国国民党の蔣介石が中国の統一を目指して軍事行動を開始
し，その途上で南京に国民政府を樹立しました。国民政府は，列強が中国で
獲得していた権益の回収や租借地の回復などを目指しました。これを受けて
関東軍*1は，満洲における日本の権益が失われるという危機感を深めました。
また，当時の日本では，関東大震災や金融恐慌による社会不安，財閥と政党
の癒着などの政治不安が高まっていました。そこで関東軍は満洲を直接支配
下に置こうとし，満洲の軍事指導者張作霖を爆殺しました。しかし，関東軍
のねらいどおりにはいかず，結果的に満洲は国民政府の支配下に入りました。

　このような関東軍の暴走や，その後の世界恐慌の波及（昭和恐慌）→P.75 に
もかかわらず，当時の日本政府は国際協調の維持を外交方針とし，補助艦の
保有制限などを定めたロンドン海軍軍縮条約を締結しました。しかし，これ
に軍部や右翼は強く反発しました。

　1931年，関東軍は，満洲の奉天（現在の瀋陽）郊外の柳条湖で南満洲鉄道の線路を爆破する**柳条湖事件**を起こしました。これを中国軍のしわざとして関東軍は軍事行動を開始し，**満洲事変**が始まりました。軍事行動を拡大し，満洲のほとんどを

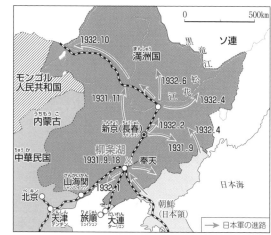

▼満洲事変の広がり

占領した関東軍は，清朝最後の皇帝であった溥儀を執政として**満洲国**を建設しました。満洲国承認に消極的な犬養毅首相が暗殺される（五・一五事件）と，政府は満洲国を認めました。国民の多くは関東軍の行動を支持しました。

　中国の訴えを受けて国際連盟が派遣した**リットン調査団**は，満洲事変は日本の侵略行為であり，満洲国を認めないとする報告書を出しました。国際連盟はこれを支持したため，**日本は国際連盟からの脱退**を通告しました。

　その後，**日本はワシントン海軍軍備制限条約とロンドン海軍軍備制限条約からも離脱し，国際的に孤立しました。こうして，ワシントン体制**→P.69は**崩壊していきました。**同時期に，ヴェルサイユ体制の打破を進めて国際的に孤立していたドイツ・イタリアと，反ソ連・反共産主義の立場で日本は結束しました（日独伊三国防共協定）。国内世論の大勢は政府の決定を支持しました。

> 結束したドイツ・イタリア・日本が，第二次世界大戦では枢軸国の中心となり，アメリカ・イギリス・ソ連中心の連合国と対峙しました。

*1　関東州（旅順・大連地区）と南満洲鉄道の警備を任務とする1919年に設置された部隊。

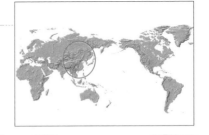

国際秩序の変化や
大衆化と私たち
―日中戦争

キーワード　盧溝橋事件　日中戦争

第2次国共合作　国家総動員法

Q23　日中戦争の背景と影響はどのようなものですか？

A

- 背景：中国は国民政府（国民党）と共産党が内戦を停止して抗日で提携。盧溝橋事件を機に戦争勃発。
- 影響：戦争が長期化し，日本では，国家総動員法の制定と大政翼賛会の成立など軍国主義体制の強化。

満洲事変以降，日本では軍部が台頭し，国家主義的な傾向が強まり，二・二六事件 →P.77 の後は，いっそう軍部が政治に介入するようになりました。

中国では，蔣介石の率いる国民政府が抗日戦よりも共産党との内戦を重視していました。これに対して共産党は，コミンテルン（ソ連共産党指導下の国際共産党組織）の指令を受けて，国民党に抗日民族統一戦線の結成を呼びかけました。日中両国の関係が緊張するなか，1937年，北京郊外で日本軍と中国軍が衝突する盧溝橋事件を契機に，日中戦争が始まり，まもなく第2次国共合作*1が成立しました。

▼日中戦争の拡大

凡例：
日中戦争による戦線の拡大
→ 日本軍の進路
数字 戦闘または占領年

ソ連
満洲国
モンゴル人民共和国
奉天 1931
日本海
北京
朝鮮
日本
盧溝橋
天津
中華民国
徐州 1938　青島　黄海
1938
武漢　南京 1937
援蔣ルート　1938　上海 1937
重慶　東シナ海
広州 1938
香港 1941
台湾
0　500km

中国で第2次国共合作・抗日民族統一戦線が成立した頃，フランス・スペインなどでもコミンテルンの指導下に，反ファシズムの人民戦線 →P.77 が結成されていました。

日本軍が国民政府の首都である南京を占領すると，国民政府は最終的に首都を重慶に移し，徹底抗戦の姿勢を見せました。国民政府は，ビルマやインドシナなどを経由するルート（援蔣ルート）を通じて，アメリカ合衆国・イギリス・ソ連からの援助を受けながら戦ったため，戦争は長期化しました。北方の満洲やモンゴルにおいても，日本軍とソ連軍は衝突しました。

資本主義のアメリカ・イギリスと共産主義のソ連が足並みを揃えたわけですか？

アメリカ・イギリスは，ファシズムに対抗するため，共産主義との提携に踏み切ります。また当初はアジアにおける民族自決に否定的でしたが，日本に対抗するため国民政府を支持するなど，しだいに民族運動を支援するようになります。

日中戦争が長期化すると，日本国内では，軍国主義体制が強化され，政府が議会の承認なく戦争に必要な物資や労働力を動員できる国家総動員法が制定されました。そして，ナチ党のような強い指導力をもつ政党の樹立を目指して，大政翼賛会が結成されました。また，日用品や食糧などの統制が強まりました。さらに，朝鮮・台湾では皇民化政策が強化され，植民地の人々を総動員する体制も整えられました。一方，援蔣ルートを遮断する目的などから，東南アジアへの進出をはかる南進論が高揚しました。

こうして太平洋戦争につながっていくわけですね。では日中戦争は，中国にどのような影響を与えたのですか？

最終的に戦勝国として国際的地位を向上させることとなりました。また，共産党は毛沢東の指導下に民衆と結びついて勢力を拡大させ，戦後の中華人民共和国の建国 →P.96 にもつながります。

*1　これに先立つ第1次国共合作は，中国統一を目指して1920年代に行われていた。

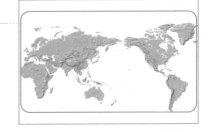

第2章 国際秩序の変化や
大衆化と私たち
—第二次世界大戦

キーワード 大西洋憲章 国際連合

ブレトン＝ウッズ体制 民族自決

Q24 第二次世界大戦の影響はどのようなものですか？

A
- 国際連盟の不備を克服して，国際連合が発足（ほっそく）。
- 経済の安定と自由貿易の推進のため，アメリカを中心とするブレトン＝ウッズ体制が構築される。

第二次世界大戦は，ドイツのポーランド侵攻により開始しました。ドイツ・イタリア・日本中心のファシズム陣営とアメリカ合衆国・イギリス・ソ連中心の反ファシズム陣営の戦争でした。

　ファシズム陣営（枢軸国側（すうじくこく））では，まずイタリアが降伏し，1945年にドイツも降伏してヨーロッパの戦争が終わりました。同年，日本も，沖縄で住民も巻き込む地上戦が展開され，広島・長崎に**原子爆弾**が投下されると，ポツダム宣言を受諾（じゅだく）して降伏しました。これにより数千万人の犠牲（ぎせい）を出した第二次世界大戦は終結し，**全体主義・軍国主義は否定**されたのです。**勝利した反ファシズム陣営（連合国側）は，第一次世界大戦後に形成された国際連盟・ヴェルサイユ体制・ワシントン体制**→P.69**では，平和を守ることができなかった反省を踏まえ，新しい国際秩序の構築をはかりました。**

　アメリカとイギリスは，すでに，大戦中の1941年，**大西洋憲章（けんしょう）**を発表していました。この憲章は，戦後世界の目標を示したもので，**安全保障体制の再建，自由貿易体制，民族自決（じけつ）の確立**などを提唱し，これらが戦後国際秩序として具体化されていくことになりました。

　国際連盟に代わる安全保障体制として，大戦後まもなく**国際連合**が発足しました。国際連盟は，アメリカのような大国が不参加で，軍事制裁の手段をもたず，議決方法も総会での全会一致であったため，国際紛争の解決に有効な動きがとれませんでした。そこで国際連合では，**安全保障理事会**を設置して強力な権限を与えました。安全保障理事会では，拒否権をもつ常任理事国（アメリカ・イギリス・フランス・中国・ソ連の五大国）の意見の一致で軍事制裁も可能となりました。また，大戦中にドイツによるユダヤ人の大量虐殺（ホロコースト）など深刻な人権侵害が行われたことを受け，人種・宗教・性などによる差別を禁止する**世界人権宣言**が国連総会において採択されました。

　また，世界恐慌期に各国が行った**ブロック経済**→P.75などのために，国際対立が激化しました。そこで，圧倒的な経済力を有するアメリカを中心に，経済の安定と自由貿易体制の構築が目指されました。第一に大量の金を保有する**アメリカの通貨ドルを，金と交換可能な基軸通貨**とし，各国の通貨とドルの交換比率を固定しました（**固定相場制**）。これを補強するため，**国際通貨基金（IMF）**と**国際復興開発銀行（IBRD）**を組織しました。さらに，**関税と貿易に関する一般協定（GATT）**を締結し，**自由貿易を推進**しました。以上のような国際経済体制を**ブレトン＝ウッズ体制**と呼びます。

　第一次世界大戦後，アジア・アフリカには，民族自決が適用されませんでしたが→P.68，第二次世界大戦後には，アジア・アフリカのほとんどすべての地域で独立が実現しました→P.97。

ヨーロッパの植民地支配は完全に崩壊していくのですね？

はい。二度の大戦で疲弊したヨーロッパ諸国は地域統合に活路を見出し→P.92，一方，台頭したアメリカとソ連が資本主義と社会主義の対立を繰り広げていくのです。

Q25 第二次世界大戦後の国際秩序はどうなったのですか？

A
- 米ソ対立を背景に，資本主義諸国（西側陣営）と社会主義諸国（東側陣営）の対立である冷戦が本格化。
- 安全保障機構として，アメリカ率いる北大西洋条約機構（NATO）とソ連率いるワルシャワ条約機構が成立。

　第二次世界大戦中，主にソ連がドイツ支配から解放した東ヨーロッパでは，戦後，ソ連の影響下に共産党政権が樹立されました。ソ連の勢力拡大のなか，1946年，イギリスのチャーチル前首相は，「鉄のカーテン」演説によってソ連の脅威を訴えました。こうして**アメリカ合衆国を中心とする資本主義諸国（西側陣営）と，ソ連を中心とする社会主義諸国（東側陣営）の対立が表面化**していきました。

　アメリカは，ギリシア・トルコが共産化するのを防ぐため，ソ連勢力に対する「封じ込め」政策である**トルーマン=ドクトリン**を表明します。さらに，**マーシャル=プラン**と呼ばれるヨーロッパ経済復興援助計画を発表しました。ソ連は，これに対抗して**コミンフォルム（共産党情報局）**を設立し，東欧諸国などの共産党との結束をはかりました。

　第二次世界大戦の敗戦国ドイツは，戦後，アメリカなどに西側を，ソ連に東側を分割占領されていました。1948年，アメリカなどの管理下にあった

西ベルリンへの交通路をソ連が遮断しました（**ベルリン封鎖**）。緊張が高まるなか，翌1949年に，ソ連は**経済相互援助会議（COMECON）**を結成して東側諸国のみの経済協力体制を構築し，アメリカは西側諸国と安全保障機構である**北大西洋条約機構（NATO）**を結成しました。同年，ベルリン封鎖が解除されると，ドイツは東西に分断された国家となりました。また，**ソ連が原子爆弾の開発に成功して，唯一の核兵器保有国であったアメリカの優位性は失われました。**さらに，1955年，ソ連は東欧諸国と安全保障機構である**ワルシャワ条約機構**を結成しました。

　同時期のアジアでも，インドシナ戦争，南北朝鮮の成立，中華人民共和国の成立，朝鮮戦争の勃発→P.96など，米ソの対立が及んでいました。**1950年代半ばまでに，アメリカは，太平洋安全保障条約（ANZUS），日米安全保障条約，米韓相互防衛条約，東南アジア条約機構（SEATO），バグダード条約機構（METO）**[*1]など，多くの反共軍事同盟を構築しました。

第二次世界大戦後，米ソ両国は直接的な軍事衝突には至りませんでしたが，東西両陣営の間は極度の緊張・対立状態にありました。これを「冷戦」といいます。ただし，アジアでは，インドシナ戦争や朝鮮戦争のように，米ソの代理戦争として，直接戦火を交えた地域もありました。

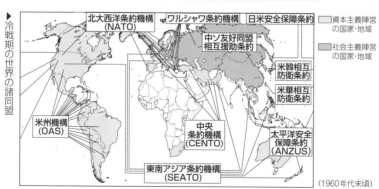

▶冷戦期の世界の諸同盟

*1　1959年に中央条約機構（CENTO）に改称。

第2章 国際秩序の変化や大衆化と私たち —日本の占領

キーワード　非軍事化　民主化　象徴天皇制

サンフランシスコ平和条約　日米安全保障条約

Q26 日本の占領政策はどのように進められたのですか？

A
- 連合国軍最高司令官総司令部（GHQ）が設置され，非軍事化と民主化を実行。
- アメリカは冷戦の影響により占領政策を転換。

　第二次世界大戦に勝利した連合国軍による日本占領は，アメリカ合衆国を中心とする**連合国軍最高司令官総司令部（GHQ）**によって進められました。GHQの当初の日本統治の方針は，日本の**非軍事化**と**民主化**でした。すなわち，**日本の陸軍・海軍の解体**，**極東国際軍事裁判（東京裁判）**による戦争指導者の責任追及，**女性参政権の付与**，**教育の民主化**（軍国主義教育の禁止など），**農地改革**，**財閥の解体**などを行いました。また，**国民主権・平和主義（戦争放棄）・基本的人権の尊重**の3原則を明確にした**日本国憲法**が1947年に施行されました。国民が主権者となり，天皇は国政に関する権限はもたず，日本国・国民統合の象徴と規定されました（**象徴天皇制**）。

イギリスやアメリカでは，第一次世界大戦を背景に女性参政権が実現したと学びましたが →P.66，日本は第二次世界大戦後なのですね。

はい。20歳以上の男女平等の普通選挙となり，戦後最初の衆議院議員総選挙で39人の女性議員が誕生しています。日本国憲法では男女平等が明記され，教育基本法や改正された民法でも，男女の平等・同権が前提とされました。

第二次世界大戦後，朝鮮半島は分断され，中国では国共内戦に勝利した共産党が中華人民共和国を建国するなど，アジアでも共産主義勢力が拡大しました→P.96。このような情勢のなか，**アメリカは日本を共産主義に対する防壁とするため，占領政策を転換し，日本の経済の復興と政治の安定を優先させました**。戦後の日本国内の激しいインフレーションをおさえ，経済を自立させるため，**GHQは日本政府に対し，財政の均衡，徴税の強化などを指示しました**。その具体策として，アメリカの銀行家ドッジの勧告による**ドッジ＝ライン**が実施され，インフレーションは収束に向かいました。また，財閥解体も緩和されました。

1950年に**朝鮮戦争**→P.96が勃発すると，日本に駐留するアメリカ軍を中心とする国連軍が朝鮮半島に派遣されることになりました。そのため，手薄になる日本の治安維持に不安が生じるとして，**GHQの指令により警察予備隊が創設され，事実上の再軍備が始まりました**。こうしたなか，アメリカは日本との講和を進め，1951年，**サンフランシスコで52か国が参加する対日講和会議が開催されました**。かつての連合国内の意見の対立によって，中国は中華民国（台湾）と中華人民共和国のどちらも招かれませんでした。日本と48か国の間で**サンフランシスコ平和条約**が締結されましたが，ソ連などは調印を拒否しました。

> この平和条約によって，日本は独立を回復しましたが，沖縄などの南西諸島や小笠原諸島は，引き続きアメリカの支配下に置かれることとなりました。

平和条約の調印と同じ日に**日米安全保障条約**も締結され，アメリカ軍の日本での駐留が継続され，日本はアメリカの極東軍事戦略に編入されることになりました。**冷戦**→P.85**が深刻化するなか，日本は西側陣営の一員として国際社会に復帰したのです**。朝鮮戦争後の日本は，特需景気によって経済復興にはずみをつけ→P.103，また，**自衛隊**が発足しました。

実際の共通テスト問題を見てみよう

第一次世界大戦のヨーロッパ諸国に関する問題例です。

（2022 年試作問題『歴史総合，世界史探究』）

戦争の際のナショナリズムや他者のイメージについて，絵を見ながら生徒と先生が話をしている。

先生：以前の授業では，一つの国民あるいは民族から成る国家を建設する動きをナショナリズムという用語で説明しました。それは異なる言葉や生活様式を持つ人々を均質な国民として統合しようとする動きと言えますね。

まさき：島国として地理的なまとまりが強い日本には，わざわざナショナリズムによって国民を統合するような動きは見られないですよね。

ゆうこ：そんなことはないでしょう。日本は，昔も今も一つの民族による国家だと思う人はいるかもしれませんが，そうではなく，異なった言語や文化を持った人々によって構成されていたのです。近代において，そういった人々を，ナショナリズムによって統合していった歴史があったはずです。

まさき：その際，抑圧の側面も存在したと考えてよいのでしょうか。

先生：そのとおりです。

さて今回は，20世紀の戦争に目を向けてみましょう。そこでは，敵対する他者が戯画化されて，表現されることがよくあります。次の絵を見てください。これは第一次世界大戦が始まった際に，フランスのある新聞に掲載された絵です。解説には，フランスを含む5つの国の「文明戦士がドイツとオーストリアというモンスターに立ち向かう」と書かれています。5つの国には，フランスのほかに　ア　などが当てはまると考えられますね。どちらも，❶三国協商を構成した国です。

ゆうこ：交戦相手を怪物として描いてその恐ろしさを強調することで，敵に対する国民の憎悪をかきたてて団結させようとしているのですね。

まさき：このように敵対意識を表現することや，他の国と比べて自国を良いものだと考えることで自国への愛着を促すこと，これらもナショナリズムと言えるのでしょうか。

先生：そのとおりです。ほかにも，植民地支配からの独立を目指す動きもナショナリズムに基づいていると言えます。

ゆうこ：ナショナリズムには多様な現れ方があるのですね。

問　文章中の空欄　ア　について，(1)及び(2)の問いに答えよ。

(1)　文章中の空欄　ア　に入る国の名として正しいものを，次の①〜⑥のうちから**一つ選べ**。なお，**正しいものは複数あるが，解答は一つでよい。**

① アメリカ合衆国　　② イギリス　　③ イタリア

④ チェコスロヴァキア　　⑤ 日本　　⑥ ロシア

(2)　(1)で選んだ国について述べた文として最も適当なものを，次の①〜⑥のうちから一つ選べ。

① 血の日曜日事件が起こった。

② サルデーニャ王国を中心として統一された。

③ 奴隷解放宣言が出された。

④ ズデーテン地方を割譲した。

⑤ チャーティスト運動が起こった。

⑥ 中国に対して，二十一か条の要求を行った。

正しい答えが複数あるのですか？

そうです。解答するのは1つでよいので，落ちついて考えてみましょう。

ヨーロッパは国がたくさんあるし，第一次世界大戦の頃の国際関係も複雑で覚えきれません。

詳細な知識は必要ありませんが，第一次世界大戦が起こった背景については，基本的な事項を押さえておく必要があります。

　第一次世界大戦について描かれた絵の解説文を読み，(1)では，フランス以外の三国協商（さんごくきょうしょう）を構成した国を，(2)では，(1)で選んだ国について述べた文として最も適当なものを，それぞれ選択肢から選ぶ問題です。

　(1)から見ていきます。第一次世界大戦が起こった背景となる知識を確認しておきましょう。第一次世界大戦前のヨーロッパで，❶三国協商を構成した国は「イギリス・フランス・ロシア」，三国同盟（どうめい）を結んでいた国は「ドイツ・オーストリア・イタリア」です。「正しいものは複数あるが，解答は一つでよい」問題なので，フランス以外の三国協商の国，「②イギリス」か「⑥ロシア」のどちらかを思い出せれば大丈夫です。

　「②イギリス」は，ドイツの帝国主義的「世界政策」を警戒し，フランスと英仏協商，ロシアと英露協商を結びました。その結果，すでに成立していた露仏同盟とあわせて，イギリス・フランス・ロシアの協力関係である三国協商が形成されました。

　「⑥ロシア」は，同じスラヴ系国家であるセルビアなどを支援し，バルカン半島においてオーストリアと対立しました。ドイツは三国同盟を結んでいたオーストリアを支援したため，三国同盟と三国協商の対立が激化しました。

やっぱり，ある程度の知識は必要なのですね。

三国協商と三国同盟は，中学校でも学習している内容です。歴史総合がむずかしく感じる場合，中学校での江戸時代より後の学習内容を復習してから歴史総合を学習するのも，ひとつの手段です。

　次に(2)について見ていきましょう。「②イギリス」か「⑥ロシア」について述べた文として適当なものを選ぶ問題です。

　「**①血の日曜日事件が起こった」のはロシアです**。日露戦争中，ロシアで，民衆のデモに対して軍が発砲した事件です。

　「**②サルデーニャ王国を中心として統一された**」のはイタリアです。

　「**③奴隷解放宣言が出された**」のは南北戦争中のアメリカ合衆国です。

　「**④ズデーテン地方を割譲した**」のはチェコスロヴァキアです。ヒトラーの要求に屈したイギリス・フランスの宥和政策により，ドイツへの割譲が承認されました。

　「**⑤チャーティスト運動が起こった」のは産業革命が進行したイギリスにおいてです**。労働者階級が参政権を求めて起こした社会運動です。

　「**⑥中国に対して，二十一か条の要求を行った**」のは日本です。

　正解は(1)が②の場合，(2)は⑤，(1)が⑥の場合，(2)は①となります。

「血の日曜日事件」と「チャーティスト運動」は本書の歴史総合部分の本文では扱っていません。ただ，この問題で学習した新しい知識として，「日露戦争」「産業革命」に関係する出来事として押さえておきましょう。

第**3**章 グローバル化と私たち
―グローバル化

キーワード グローバル化 ヨーロッパ連合
世界貿易機関 インターネット 世界金融危機

Q27 グローバル化とはどういうことですか？

A
- 現代世界において，大量の人・物・資本・情報が国境を越えて地球規模で移動し，各地が緊密に結びついていく現象。冷戦終結後に急速に進展。
- インターネットの普及など IT 革命によって促進。

グローバル化とは，人々の活動が地球規模に拡大することです。とくに，**人や物だけでなく資本（カネ）や情報も国境を越えて大規模かつ高速に行き交い，世界の諸国家・諸地域が緊密に結びついていく現代世界の情勢**を指すことが一般的です。

第二次世界大戦後，**国際通貨基金（IMF）や関税と貿易に関する一般協定（GATT）** などにより，国際的な通貨制度の整備や自由貿易の推進がはかられました→P.83。西ヨーロッパでは，フランスと西ドイツを中心に経済統合が進み，1960年代に発足した**ヨーロッパ共同体（EC）** は，

> **ひとこと**
>
> **ヨーロッパ統合**
>
> 他国の干渉から独立した主権国家の登場→P.37は，民主主義を促す一方，国益のための戦争を多発させました。実際，主権国家を生み出したヨーロッパから，2度の世界大戦が起こりました。その反省もあり，第二次世界大戦後のヨーロッパでは，主権国家の枠組みを越えて政治・経済の統合を目指す新たな試みとして，今日のEUに至る地域統合が進められています。しかし，人の移動の自由化で雇用不安の高まったイギリスが，国民投票を経てEUを離脱したように，主権の一部を超国家機構に譲渡するというヨーロッパ統合の構想は，多くの困難にも直面しています。

その後，イギリスや南欧諸国なども加えて**巨大な統一市場を形成**しました。また，複数の国に活動拠点をもつ**多国籍企業も成長**していきました。

　こうしたグローバル化は，**冷戦終結**→P.101後には，社会主義体制が崩壊したロシア・東ヨーロッパや，市場経済を導入した中国なども含め，まさに地球規模で加速することになりました。**EC**は**ヨーロッパ連合（EU）**に発展して，東ヨーロッパにも加盟国を増やし，他地域でもこれに刺激されて，**自由貿易圏の形成を目指す動きが活発化**しています。また，自由貿易のいっそうの促進のため，**GATTは常設機関の世界貿易機関（WTO）に改組**されました。そして，急速なグローバル化を技術面で支えるのが，海上・航空輸送システムの高度な発達と，**インターネット**の普及を背景とした情報通信技術の**発達（IT革命/ICT革命）**です。とくにインターネット上の取引によって，国際的な資金の瞬時の移動が容易になり，国際金融市場が大いに活性化するようになりました。

　グローバル化の進む世界では，一国・一地域の問題が世界規模に波及していきます。**2008年にアメリカ合衆国で起こった不況が世界金融危機（リーマン＝ショック）を招いた**ことが典型ですが，**世界的な環境破壊の進展や感染症の拡大，国際的なテロ組織の活動**なども深刻化しています。また，グローバル化によって世界各地で**経済格差が進行**し，排外的ナショナリズムと結びついた反グローバル化の運動や社会の分断も激しくなっています。

現在のような情報化社会では，個人情報の悪用や，フェイクニュース（偽の情報）の拡散も心配です。

グローバル化で雇用などが悪化したと考える中低所得層などの人々の間では，グローバル化を主導するエリートへの不満が広がっています。この動きを利用して，フェイクニュースで世論の操作をはかり，支持を集める政治家もいます。

Q28 冷戦（れいせん）はどのように進行したのですか？

A

- 1950年代後半は，平和共存・「雪（きょう）どけ」の時代。
- 1960年代初頭は，キューバ危機など東西対立再燃。
- 1960年代は，米ソの求心力が低下する一方，様々な国・勢力が台頭し，冷戦構造が動揺（どうよう）。

　1950年代半ばまでに冷戦の構造は固定化され→P.85，続く**1950年代後半は，東西両陣営の対立が緩和（かんわ）された時代**でした。そのきざしは，すでに1950年代前半，ソ連の独裁的（どくさいてき）指導者スターリンの死と，朝鮮戦争（ちょうせん）・インドシナ戦争→P.96の休戦に見られます。ソ連の外交政策の転換で，1955年に**アメリカ合衆国・ソ連・イギリス・フランスの指導者によるジュネーヴ4巨頭（きょとう）会談**が行われ，翌年には**ソ連共産党第一書記のフルシチョフがスターリン時代の独裁・粛清（しゅくせい）を批判し（スターリン批判），資本主義諸国との平和共存路線**を明確にしました。そして，1959年に**フルシチョフの訪米が実現**しました。「雪どけ」と呼ばれるこの米ソ和解の雰囲気のなか，日本はソ連と国交を回復し，国際連合への加盟を果たしたのです→P.102。

アメリカとソ連は歩み寄っているのに，ここから冷戦の終結までには，30年もかかるのですね。

この時代の平和共存は，冷戦構造を前提とした関係改善にほかなりません。たとえば，ソ連は東欧社会主義国ハンガリーの自由化要求を武力で弾圧し，社会主義体制の維持に努めました。

アメリカとソ連は，平和共存を模索する一方，核兵器の開発競争を続けて牽制しあいました。**1960年代初頭は東西対立が再燃し**，ソ連がキューバにミサイル基地を建設したことにアメリカが抗議して，核戦争の危機が高まりましたが，ソ連の譲歩で収束しました（**キューバ危機**）。危機を回避した米ソ両国は，**部分的核実験禁止条約**や**核拡散防止条約（NPT）**によって核兵器の国際的管理へ向かいました。しかし，**スターリン批判以来，社会主義の方針をめぐってソ連と関係が悪化していた中国**は，反発を強め，**中ソ対立は国境での武力衝突に発展しました**。東欧諸国でも，ソ連からの自立を目指し，**チェコスロヴァキアで「プラハの春」**と呼ばれる民主化運動が起こりましたが，ソ連がワルシャワ条約機構の軍を動員して鎮圧しました。

西側諸国では，フランスが**ド＝ゴール**大統領のもと，中華人民共和国の承認や**NATO**軍事機構からの脱退など，アメリカの影響力に対抗する独自の外交を進めました。**アメリカは，ベトナム戦争の長期化による軍事費の増大**などで財政赤字が拡大しただけでなく，**日本や西ドイツの飛躍的な経済成長** →P.103 によって貿易収支も悪化しました。さらに，**世界的なベトナム反戦運動**に直面して，国際的威信は失墜していきました。

1960年代は，東西どちらの陣営にも属さない第三勢力も存在感を増しました →P.97 。つまり，**米ソ両国が求心力を低下させる反面，他の様々な国や勢力が台頭**する時代を迎え，冷戦構造は動揺し始めたのです。

1960年代は，ベトナム反戦運動や「プラハの春」のような，学生や市民の運動が高揚したのですね。

アメリカでは，黒人差別撤廃を訴える公民権運動がベトナム反戦運動と結びついて激化しました。日本では60年安保闘争や大学紛争などが，フランスでは学生・労働者たちの五月危機（五月革命）が起こっています。

第3章 | グローバル化と私たち
—冷戦期のアジア・アフリカ

キーワード 中華人民共和国 朝鮮戦争

第三勢力 アジア＝アフリカ会議 「アフリカの年」

**Q 29 冷戦の時代のアジア・アフリカは
どうなったのですか？**

A
- 中国・朝鮮半島・ベトナムでは，冷戦の影響下に，2つの政府や国家が成立して対立する状況が発生。
- 東西両陣営に属さない第三勢力を形成する動きも出現し，アジア＝アフリカ会議などが開催される。

　第二次世界大戦中に日本が占領・進駐していた東アジア・東南アジアでは，大戦中の民族運動や抗日運動を基礎に，戦後の民族独立の運動が活発になりました。中国では，**1949年，内戦に勝利した共産党が中華人民共和国を建国すると，敗れた国民党は台湾に逃れて中華民国政府を維持**して対抗しました。日本の支配から解放された朝鮮半島では，**北緯38度線を境に北をソ連，南をアメリカ合衆国が占領**したのち，それぞれ**朝鮮民主主義人民共和国（北朝鮮），大韓民国（韓国）**が成立しました。**1950年**に勃発した**朝鮮戦争**は，**アメリカ中心の国連軍が韓国を，ソ連や中国が北朝鮮を支援**して国際戦争となり，1953年の休戦後，南北朝鮮の分断が固定化しました。

　フランス領インドシナでは，**ベトナム民主共和国の独立が宣言される**と，翌年，フランスとの間に**インドシナ戦争**が起こりました。フランスは，1954年に**ジュネーヴ休戦協定**を結んで撤退し，**ベトナムは北緯17度線で南北2つの国に分断**されました。共産主義の拡大を恐れるアメリカは，その後，南北ベトナムの内戦に軍事介入し，**ベトナム戦争**が本格化しました。

　イギリス統治下でヒンドゥー教徒とムスリム（イスラーム教徒）の対立が深まったインドは，1947年に**ヒンドゥー教徒が多いインドとムスリムが多いパキスタンに分離独立**し，その後も両国は衝突を繰り返しました。パレスチナをめぐっては，第一次世界大戦中のイギリスの多重外交を背景に，ユダヤ人とアラブ人の対立が生じ →P.67 ，第二次世界大戦後には，**ユダヤ人が建国したイスラエルとアラブ諸国との間に，4度の中東戦争**が起こりました。

　冷戦の激化にともない，アジア・アフリカ諸国には，**東西いずれの陣営にも属さない非同盟中立の第三勢力（第三世界）を形成**する動きが現れました。1954年に**中国の周恩来首相とインドのネルー首相が会談**し，主権尊重・平和共存などの**平和五原則**を発表しました。翌1955年には，**インドネシアのバンドンでアジア＝アフリカ会議が開催**され，平和五原則を発展させた**平和十原則**が採択されました。この会議は，アフリカの独立運動にも影響を与え，サハラ以南では，**ガーナが独立**したのち，**1960年には17か国が独立して「アフリカの年」**と呼ばれました。そして，1960年代初頭には，ユーゴスラヴィアで第1回非同盟諸国首脳会議が開かれました。

　アジア＝アフリカ会議は，第三勢力の連帯において大きな意味をもったのですね。

　それだけではなく，第三勢力の台頭と平和の主張は，米ソが歩み寄る「雪どけ」 →P.94 にも影響を与えたとされます。また，アジア＝アフリカ会議には日本も招待され，独立回復後に参加した最初の大規模な国際会議となりました。

　しかし，1960年代後半からは韓国・インドネシアなど開発途上国の一部で，政治的には**西側寄りの立場に立ち，その融資や援助を受けながら経済発展を優先させる強権的な政治体制**が出現しました。これを**開発独裁**といい，1970年代以降こうした国々が急速な工業化を遂げました。

第3章 グローバル化と私たち —石油危機

キーワード ドル＝ショック デタント

石油危機 サミット 新自由主義

Q30 石油危機で世界はどのように変わったのですか？

A

- 西側諸国の多くは，ドル＝ショックとともに長期の経済停滞。サミットの開催や技術革新で景気回復を模索。1980年代には新自由主義に移行。
- 中東(ちゅうとう)の産油国やNIES(ニーズ)など開発途上国の一部が台頭。

　ブレトン＝ウッズ体制では，アメリカ合衆国の通貨ドルが，金と交換可能な基軸(きじく)通貨とされました→P.83。しかし，ベトナム戦争の軍事費などでアメリカの経済が悪化すると，その金保有量は減少し，ドルの国際的信用が低下していきました。そこで，**1971年にアメリカのニクソン大統領は，金とドルの交換停止を発表**したのです（**ドル＝ショック**）。また，**固定相場制**も，その後，**変動相場制**に移行して，**ブレトン＝ウッズ体制は完全に崩壊**しました。

　この頃，アメリカはベトナム戦争からの撤退(てったい)を模索し，敵対する北ベトナムの支援国である中国・ソ連との関係改善に乗り出しました。中ソ対立→P.95を激化させていた中国はこれに応じ，**1972年にニクソンがアメリカ大統領として初めて中国を訪問**します。さらに同年，ニクソンは，ソ連と第1次戦略兵器制限交渉（SALT Ⅰ(ソルト)）に調印し，軍縮を進めました。ヨーロッパでは，**西ドイツのブラント首相が，東欧諸国との関係改善をはかる東方外交**を行い，1973年には東西ドイツが同時に国際連合加盟を果たしました。こうした**1970年代の緊張緩和(かんわ)をデタント**と呼びます。

1973年，イスラエルとアラブ諸国との間に第4次中東戦争が起こりました。その際，石油輸出国機構（OPEC）とアラブ産油国が，原油価格の引き上げや，イスラエルを支持するアメリカなど西側諸国への原油輸出の制限・停止を行い，原油価格が急騰しました。その結果，中東の安価な石油に依存して経済成長を続けてきた西側諸国を中心に，世界的不況となりました。これが第1次石油危機（オイル＝ショック）です。なお，1979年のイラン＝イスラーム革命の影響で，原油価格は再び高騰しました（第2次石油危機）。

西側先進国は，こうした世界経済の諸問題に協調して対応するため，毎年，サミット（先進国首脳会議）を開くようになりました。各国は，省エネルギー・省資源化やコンピュータによるハイテクノロジー化などの技術革新によって不況を乗り切ろうとしましたが，日本をのぞいて経済回復は停滞しました。一方，原油価格の高騰で収入が激増した中東の産油国や，人件費を低く抑えた安価な工業製品を先進国に輸出して急速な工業化を遂げた韓国・台湾・香港・シンガポールなどの新興工業経済地域（NIES，NIEs）が台頭し，開発途上国の間でも格差が表面化しました（南南問題）。

第二次世界大戦後の多くの西側諸国では，手厚い福祉政策が重視されてきましたが，石油危機後の景気低迷のなか，1980年代には社会保障費の削減などで財政を縮小し，自由放任経済に回帰する新自由主義が政治の潮流となりました。イギリスのサッチャー政権，アメリカのレーガン政権が典型で，日本でも中曽根康弘内閣が民営化政策を推進しました →P.103 。

1970年代には，ドル＝ショックと石油危機という2つの経済危機があったのですね。

それらにともなうブレトン＝ウッズ体制の崩壊や西側諸国の経済停滞など，第二次世界大戦後の国際秩序の転換期といえるでしょう。そうしたなか，米ソ両国はデタントを進めたのです。

第3章 グローバル化と私たち
—冷戦の終結

キーワード　ゴルバチョフ　ペレストロイカ

東欧革命　マルタ会談

Q31 冷戦（れいせん）はどのように終結したのですか？

A
- 新冷戦による軍事費増大で，米ソの財政難が加速。
- ソ連のゴルバチョフが，ペレストロイカや新思考外交を掲げ，アメリカと関係修復。
- 東欧革命を受け，米ソ首脳（しゅのう）が冷戦終結を宣言。

　1970年代はデタント（緊張緩和（かんわ））が進んだ時代でしたが→P.98，そのまま冷戦終結とはなりませんでした。**1979年，ソ連がアフガニスタンに軍事侵攻**して現地の社会主義政権を支援し，これに反発したアメリカ合衆国がアフガニスタンの反政府ゲリラを援助して介入（かいにゅう）したからです。東西関係は一気に冷え込み，**新冷戦**とも呼ばれる緊張が再び訪れました。

　1981年にアメリカ大統領に就任した**レーガン**は，**減税や規制緩和などの新自由主義的改革**→P.99を採用する一方で，**軍事力を増強してソ連との対決姿勢**を鮮明にしました。当時のアメリカは，日本からの輸入が急増して**貿易赤字が拡大**していましたが→P.103，減税や国防費の増大は**財政赤字も悪化**させることになりました。

　産油国であるソ連は，石油危機による原油価格の高騰（こうとう）で利益を得たこともあって，西側諸国のような産業構造の改革や技術革新の機会を逃し，経済や社会はゆきづまっていきました。こうしたなかでの**アフガニスタン侵攻や新冷戦による巨額（きょがく）の軍事費の負担は，ソ連をいっそう疲弊（ひへい）**させました。

冷戦下での軍備拡張競争が，米ソの財政を圧迫し，冷戦は終結に向かったのですね。

そうですね。冷戦は，資本主義と社会主義というイデオロギー（主義主張）の対立だったので，立場を変えることもできず，対立が硬直化・長期化したと言われます。

1985年にソ連共産党書記長となったゴルバチョフは，ソ連を立て直すため，**ペレストロイカ**と呼ばれる全般的な改革に着手しました。外交面では，新思考外交を掲げてアメリカとの対話に踏み切り，中距離核戦力（INF）全廃条約を締結しました。また，**アフガニスタンからも撤退**しました。

長年ソ連の支配下に置かれてきた東欧諸国では，ペレストロイカの影響も受けて民主化運動が高揚しました。**1989年には，ポーランドで選挙によって非共産党系政権が誕生したのを機に，各国で共産党一党支配が終焉し（東欧革命），ベルリンの壁***1**も開放**されました。同年末の**マルタ会談で，ゴルバチョフとアメリカのブッシュ（父）大統領は冷戦終結を宣言**しました。

冷戦終結前後は，世界的にも民主化の気運が高まりました。1980年代後半には**韓国・台湾・フィリピンなどで独裁体制が終わり，南アフリカ共和国では1991年にアパルトヘイト（人種隔離政策）が撤廃**されました。ただ，中国では，民主化要求運動が武力で弾圧されました（**天安門事件**）。

冷戦終結により，東側の安全保障機構であったワルシャワ条約機構 →P.85 は解体したのですよね。

はい。一方，西側の安全保障機構であるNATOは，冷戦後も存続し，加盟国を東ヨーロッパにまで拡大させています。しかし，これはロシアの反発を招くことになりました。

*1　東ドイツ政府が，自国内にある西ベルリンを経由して国民が西ドイツへ脱出するのを防ぐため，東西ベルリンの境界に建設した。東西ドイツの分断や冷戦の象徴的存在となっていた。

第3章 グローバル化と私たち
—冷戦期の日本

キーワード 日ソ共同宣言 高度経済成長

日中共同声明 プラザ合意

Q32 冷戦の時代の日本の政治・外交・経済はどうだったのですか？

A
- 1950年代：55年体制の成立，日ソ共同宣言。
- 1960年代：高度経済成長，日韓基本条約。
- 1970年代：沖縄返還，日中国交正常化。
- 1980年代：プラザ合意，民営化，バブル経済。

日本は主権を回復すると，日華平和条約を結んで中華民国（台湾）と国交を結びました。さらにビルマなど東南アジア諸国と戦時賠償交渉や国交の樹立を進めました。

冷戦の影響を受け，**アメリカ合衆国に依存する安全保障を主張する自由民主党（保守勢力）**と，**非武装中立を主張する日本社会党（革新勢力）が国会で対峙する55年体制が始まりました**。ソ連が平和共存路線を明確にするなか →P.94，1956年，鳩山一郎内閣は**日ソ共同宣言**に調印し，ソ連と国交を回復させ，ソ連の反対で実現していなかった**国際連合に加盟**しました。

ひとこと

日本の戦時賠償

第二次世界大戦後，日本は東南アジア4か国に総額約10億ドルの戦時賠償を支払いました。その支払いは日本製品の提供や道路・港湾施設建設などのサービス（役務の供与）として行われました。その結果，日本の商品や企業が東南アジアに進出するきっかけになりました。石油危機後，開発途上国との友好関係を築くため，途上国に資金を供与する政府開発援助（ODA）が拡大し，日本は1989年に世界第1位の資金供与国となりました。

太平洋戦争によって壊滅的な打撃を受けた日本経済は，朝鮮戦争勃発を契機とする特需景気によって立ち直りました。**1955年には国民総生産（GNP）が戦前水準を超え，「もはや戦後ではない」と言われるような戦後の復興をなし遂げました。高度経済成長**の時代に突入したのです。

岸信介内閣は，1960年に**日米安全保障条約を改定**しましたが，**安保闘争**と言われる反対運動が起こりました。続く池田勇人内閣は，所得倍増計画を掲げて経済成長を促進させました。佐藤栄作内閣は**日韓基本条約**を結んで韓国と国交を樹立しました。そして**1968年，資本主義諸国ではGNPが西ドイツを抜いて世界第2位**となりました。

その間，**アメリカがベトナム戦争に本格的に介入する**〔→P.95, 96〕と，沖縄は**米軍機の出撃基地**となりました。ベトナム戦争で疲弊したアメリカは，**沖縄返還**に同意し，1972年，米軍基地の残存などを条件に，返還が実現しました。さらに，デタントを背景に，アメリカと中国が接近すると〔→P.98〕，日本も**日中共同声明**を発表し，中華人民共和国との国交を正常化させました。

1970年代には，ドル＝ショックと変動相場制への移行による円高や，石油危機による石油価格の急騰などにより高度経済成長は終わりましたが，世界的な不況のなかで，日本はいち早く景気を回復して安定成長の時代に入り，「経済大国」と言われるようになりました。日本の輸出拡大は**日米貿易摩擦**を引き起こし，アメリカから市場開放などを強く迫られました。1985年の**プラザ合意**で円高ドル安となると，日本の輸出産業は打撃を受けましたが，日本銀行の低金利政策により，**バブル経済**が始まりました。一方，1980年代の新自由主義〔→P.99〕の潮流のなか，日本でも**中曽根康弘内閣が国鉄など国営企業の民営化**を行いました。

> 冷戦終結後まもなくバブル経済は終了し，長い不況の時代となりました。また，1993年には55年体制も崩壊しました。

第3章 グローバル化と私たち
—現代の世界と日本

キーワード グローバル化 地球温暖化
地域紛争・民族紛争 少子高齢化

Q33 現代の世界と日本にはどのような課題があるのですか？

A
- 世界：グローバル化による経済格差，環境問題，国際テロ，地域紛争・民族紛争，人権問題。
- 日本：少子高齢化，周辺諸国との摩擦。

冷戦終結後，**グローバル化**が加速し，国境を越えた経済活動がますますさかんになるなか，**リーマン＝ショックのように一国の経済危機が世界同時不況を引き起こす**ことが増えました →P.93 。また，富を得た者と得られなかった者との格差が拡大し，開発途上国（南）と先進工業国（北）の経済格差（**南北問題**）に加えて，開発途上国間の格差（**南南問題**） →P.99 も顕著になっています。**地球温暖化による気候変動，オゾン層の破壊，海洋汚染，砂漠化などの環境問題**も，地球規模の広がりを見せています。

グローバル化で人の移動が活発になり，旅行者や**移民**が増加しただけでなく，**国際的なネットワークをもつテロ組織の活動**も深刻化しました。とくにアメリカ合衆国の中東への介入に対する反発も背景に，イスラーム急進派が台頭し，**同時多発テロ事件*¹**など国際テロが頻発しています。また，冷戦期に抑え込まれていた地域や民族の問題が表面化し，**地域紛争・民族紛争が激化**しました。人口急増や環境破壊による食料不足とともに，こうした戦争・紛争・テロなどが，大量の**難民**を生み出す原因となっています。

　以上のようなグローバル化の弊害（へいがい）を受けて，世界では反グローバル化の動きも強まっています。流入する移民・難民への差別や，テロへの嫌悪感から無関係のイスラーム系住民を排斥（はいせき）する事件などが，欧米諸国を中心に後を絶ちません。これらの排外（はいがい）主義は，人権問題にも関わることです。

　人権問題といえば，女性の政治的権利獲得後も根強く残る**男女間の社会的不平等の問題**も重要です。近年では，先住民（せんじゅうみん）文化や性の多様性の尊重など，従来抑圧されてきた少数派の人々の権利が注目されています。

　グローバル化のなか，日本も世界と同様の問題を抱えています。バブル経済→P.103崩壊後，長期の不況に見舞われ，2000年代の大規模な**規制緩和（かんわ）などで所得格差が拡大**しました。さらに**少子高齢化**が進み，労働力や税収の減少，社会保障制度の動揺（どうよう）が懸念されます。**自然災害が多発**し，地球温暖化への対応が緊急の課題ですが，**2011年の東日本大震災にともなう原子力発電所の事故**以来，エネルギーにおける原子力や化石燃料からの脱却（だっきゃく）が模索されています。また，中国の軍事的・経済的台頭（かく）*2，北朝鮮の核開発や日本人拉致（らち）問題，中国・韓国（かんこく）との歴史認識や領土をめぐる問題，ロシアとの北方領土問題など，周辺諸国との外交上の課題も多く残されています。

日本にも世界にも課題が多すぎて，どのような行動を起こせばよいのかわかりません。

2015年の国連サミットで採択された「持続可能な開発目標（SDGs（エスディージーズ））」を手がかりにするとよいでしょう。貧困問題・環境問題・ジェンダー問題などに関わる17の国際目標です。このなかで関心のあるテーマについて，詳しく調べたり，自分に何ができるのか考えたりしてみてください。

*1　2001年9月11日，ハイジャックされた旅客機がアメリカの世界貿易センタービルなどに突入し，多数の犠牲者が出た事件。当時のアメリカ大統領ブッシュ（子）は，イスラーム急進派組織アル＝カーイダによるテロと断定し，アフガニスタンなどを攻撃した。

*2　中国は，2010年に日本を抜いてGDP（国内総生産）世界第2位となった。南シナ海での実効支配を進めるなど周辺諸国との間に摩擦を起こし，台湾（たいわん）との緊張も高まっている。

核兵器に関する科学者たちの宣言に関する問題例です。

(2022年試作問題『歴史総合，日本史探究』〈改〉)

問 南洋諸島の一つであるマーシャル諸島では，第二次世界大戦後にアメリカ合衆国によって水爆実験が行われた。佐藤さんの班は，この実験をきっかけに科学者たちによって1955年に発表された「ラッセル＝アインシュタイン宣言」にも興味を持った。その一部である**資料**から読み取れる事柄**あ〜え**について，正しいものの組合せを，後の①〜④のうちから一つ選べ。

資料

> そのような爆弾が地上近く，あるいは水中で爆発すれば，放射能を帯びた粒子が上空へ吹き上げられます。これらの粒子は死の灰や雨といった形で次第に落下し，地表に達します。❶日本の漁船員と彼らの漁獲物を汚染したのは，この灰でした。(中略)
>
> ❷軍備の全般的削減の一環として核兵器を放棄するという合意は，最終的な解決に結び付くわけではありませんが，一定の重要な目的には役立つでしょう。
>
> 第一に，緊張の緩和を目指すものであるならば何であれ，東西間の合意は有益です。第二に，❸核兵器の廃棄は，相手がそれを誠実に履行していると各々の陣営が信じるならば，❹真珠湾式の奇襲の恐怖を減じるでしょう。(中略)それゆえに私たちは，あくまで最初の一歩としてではありますが，そのような合意を歓迎します。

あ ⁵核の平和利用を推進していこうとする姿勢が読み取れる。

い ⁶核兵器の放棄という合意が，⁷軍備の全般的削減に役立つと考えていることが読み取れる。

う ⁸第二次世界大戦の経験を基に，対立する相手陣営側の⁹核兵器の廃棄を¹⁰一方的に先行させようとする姿勢が読み取れる。

え ¹¹第五福竜丸の被曝を，事例として取り上げていることが読み取れる。

① あ・う ② あ・え ③ い・う ④ い・え

科学者の文章って，むずかしいなぁ……。

資料を読む問題はよく出題されます。

資料などの文章が長いと，どこに何が書いてあるかわからなくなってしまい，うまく解けません。

選択肢の内容に対応する資料の箇所を特定し，その前後を読み解いていけば，正解できますよ。

　水爆実験をきっかけに科学者たちが発表した「ラッセル＝アインシュタイン宣言」の一部から読み取れる事柄**あ〜え**について，正しいものの組合せを答える問題です。

**　資料の文章などを読み解く問題は，選択肢の文のキーワードに注目すると解きやすくなります。**

　まず，**あ**のキーワードは，「核の平和利用」です。しかし，資料の文章に「核の平和利用」という語句や類似の表現は出てきません。**あ**のような内容には言及されていないと考えられます。

　では，**い**を見ましょう。**い**のキーワードは「核兵器の放棄」「軍備の全般的削減」です。資料の文章でこれらの語句をさがすと，5行目に「軍備の全般的削減の一環として核兵器を放棄するという合意は」とあります。続いて「一定の重要な目的には役立つ」とあり，**い**の文の内容と一致していることが判断できます。

　次に，**う**のキーワードは「第二次世界大戦の経験」⑧「核兵器の廃棄」⑨です。資料では8〜9行目に「核兵器の廃棄は……真珠湾式の奇襲の恐怖を減じるでしょう」とあります。「第二次世界大戦」に関連するのは「真珠湾式の奇襲」④，すなわち日本軍の真珠湾攻撃のことで，これを機に第二次世界大戦の一環として太平洋戦争が勃発しました。ただし「核兵器の廃棄」について資料には，「核兵器の廃棄は，相手がそれを誠実に履行していると各々の陣営が信じるならば」③とあり，**う**の「一方的に先行させようとする」⑩という内容とは合っていません。よって，**う**は誤りと考えます。

　では，**え**はどうでしょうか。**え**のキーワードは「第五福竜丸の被曝」⑪です。これは，アメリカが太平洋のビキニ環礁で行った水爆実験によって，日本漁船の第五福竜丸が被曝して死傷者が出た事件を指しています。資料では3行目に「日本の漁船員と彼らの漁獲物を汚染したのは，この灰」①とあり，「この灰」とは1〜3行目から「放射能を帯びた粒子」の落下物である「死の灰」のことです。この内容は，第五福竜丸事件の史実と合致していることから，**え**は正しいと判断できます。

　したがって，**い**と**え**が正しいと判断でき，正解は④となります。

> このような問題は，選択肢の文のなかから内容理解の鍵となるキーワードを抽出し，資料の文章に該当する内容があるかどうか読み解いていくとよいでしょう。

実際の共通テスト問題を見てみよう

東西冷戦時代に起きた戦争に関する問題例です。

(2021年『歴史総合』サンプル問題〈改〉)

「歴史総合」の授業で，「東西冷戦とはどのような対立だったのか」という問いについて，資料を基に追究した。次の授業中の会話文を読み，後の問いに答えよ。

先生：冷戦の時代が始まった当時，日本は連合国軍総司令部（GHQ）による占領統治下にありました。占領下の政策方針は，国際情勢の変動に合わせて変化していったのです。

豊田：気になることがあります。「冷戦」とは，実際には戦争が起こらなかったことを意味していると思いますが，ⓐ東西冷戦の時代には，実際の戦争は起こらなかったのですか。

先生：**資料**を見てください。戦争が起こらなかったのはヨーロッパだけのことであって，世界中では，冷戦の影響の下で多くの戦争が起こりました。また，東西両陣営は，軍事力だけでなく経済面においても，他方に対する優位を確保しようと競い合ったのですよ。あなたたちが生まれたのは，この長い対立が終わって十数年後のことですね。

資料　第二次世界大戦以後に国家が関与した武力紛争による地域別の死者数

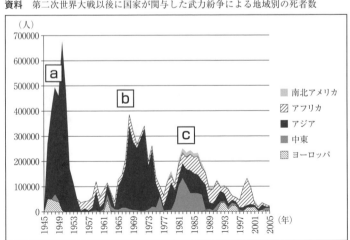

(Peace Research Institute Oslo, The Battle Deaths Dataset version 2.0, Yearly Total Battle Deaths より作成)

問　下線部ⓐの疑問を持った豊田さんは，先生が示した**資料**を基に追究し，分かったことを次の**メモ**にまとめた。**メモ**中の空欄 ┃　**ア**　┃ に入れる語句**あ～う**と，空欄 ┃　**イ**　┃ に入れる文**X・Y**との組合せとして正しいものを，後の①～⑥のうちから一つ選べ。

メモ

> **資料**中，┃　**ア**　┃における死者数の多くは，ある地域の紛争に対し，アメリカ合衆国が北爆によって本格的な軍事介入を始めた戦争によるものと思われる。この戦争で，米ソは直接衝突していない。また，この戦争は日本にも影響を及ぼし，┃　**イ**　┃。

┃**ア**┃ に入れる語句

　あ　**a**の時期のアジア　　　**い**　**b**の時期のアジア　　　**う**　**c**の時期の中東

┃**イ**┃ に入れる文

　X　国内でこの戦争に反対する運動が広がる一方，米軍基地の継続使用を条件として，沖縄の施政権がアメリカ合衆国から返還された
　Y　国際貢献に対する国内外の議論の高まりを受けて，国連平和維持活動等協力法（PKO協力法）が成立した

　①　アーあ　イーX　　②　アーあ　イーY　　③　アーい　イーX
　④　アーい　イーY　　⑤　アーう　イーX　　⑥　アーう　イーY

文を選ぶ問題もあるのですね。

2択なので，まずは考えてみましょう。

グラフから時期や出来事を考える問題は苦手です……。

この問題はグラフ問題に見えますが，むずかしいグラフの読み取りは求められていません。むしろ，第二次世界大戦後にアメリカが関わった主要な戦争や，その戦争と日本との関連を考えていきましょう。

❶「アメリカ合衆国が北爆によって本格的な軍事介入を始めた戦争」の時期を資料から選び，また，その戦争が日本に及ぼした影響にあてはまる文を選び，その組合せを答える問題です。

まず，　ア　に入れる語句について考えましょう。

「アメリカ合衆国が北爆によって本格的な軍事介入を始めた戦争」とは，「北爆」という語からベトナム戦争であると判断します。「北爆」とは北ベトナム爆撃のことで，アメリカが1960年代半ば（1965年）に開始し，これによりベトナム戦争が本格化しました。しかし，戦争が長期化し，世界的な反戦運動が高揚するなか，アメリカ軍は1970年代前半（1973年）にベトナムから撤退します。このようにベトナム戦争はアジアでの戦争です。よって，ベトナム戦争による死者数が反映されているのは，**い**の「ｂの時期のアジア」と判断できます。

では，　イ　に入れる文，すなわちベトナム戦争が日本に及ぼした影響について見ていきましょう。

Xでは，沖縄の日本への返還について述べられています。**沖縄返還は1972年で，bの時期にあたります。**2022年が沖縄返還50周年であることをニュースなどで見聞きした人もいるでしょう。

ベトナム戦争では，沖縄の基地からアメリカ軍の爆撃機などがベトナムへ出撃したため，日本でも反戦運動が起こり，沖縄の本土復帰を求める運動が激しさを増しました。そのため，アメリカは沖縄の施政権を日本に返還することを決める一方，ベトナム戦争が継続中であったことから「❷米軍基地の継続使用を条件」にしたという経緯があります。

以上のことから，**Xはベトナム戦争が日本に与えた影響と判断できます。**

Yの文も確認しましょう。

「国連平和維持活動等協力法（PKO協力法）」が成立したのは，1991年に勃発した湾岸戦争の影響です。このときの日本の「❸国際貢献に対する国内外の議論の高まりを受けて」1992年に成立しました。1989年の冷戦終結後に地域紛争が増え，日本も国際貢献を求められるようになったという背景があります。

よって，**Yはあてはまりません。**

したがって，解答は**③ア―い　イ―X**となります。

> 歴史総合のこのような問題に対応できるように，世界の出来事と日本との関わりを意識して学習するようにしましょう。

第 III 部

日本史探究の流れと枠組み

第1章　原始・古代　概説

キーワード　旧石器時代　縄文時代　弥生時代　古墳時代　律令国家

Q 01　日本史の原始・古代の特徴はなんですか？

A
- 原始は，狩猟・採集社会から農耕社会に変化。小国の誕生と分立から小国連合の成立。
- 古代は，ヤマト政権の誕生から律令国家の成立。

原始・古代は，今から3万8千年前に渡来した人々が日本列島で生活を開始して，8世紀の律令体制による古代国家成立を経て，11世紀に武士が成長し，中世が始まるまでの時代です。

　人類の歴史は，今から約700万年前に始まります。猿人・原人・旧人，と現れ，約30万～25万年前にほぼ現代人と同じ新人が出現したと考えられています。**日本列島では3万数千年以前の人類の活動を推測できる証拠，つまり遺跡や遺物は発見されていません。**

　原始は，日本列島で生活を始めた人々が，やがて地域集団（小国）を形成して，分立した小国が交流し，また争いながら小国が連合*1して，その規模を拡大させ，共通の文化的基盤ができあがった時代です。**旧石器時代・縄文時代の狩猟採集社会から，弥生時代の農耕社会へと移行**し，身分差が生まれました。地質学でいう**更新世**の旧石器時代から**完新世**の縄文時代，そして，おおむね弥生時代までを原始とし，3世紀半ばに始まる古墳時代以降を古代として区別しています。

日本の原始にあたる時期に，世界史ではシルクロードを通じて，ギリシア・ローマ文化や漢文化など東西の文化交流が行われていましたが，海で隔てられた日本は独自の文化を築いたのですか？

弥生時代には稲作が伝わり，中国や朝鮮半島の農耕文化の影響を受けた弥生文化が生まれました。また，弥生時代の日本列島は中国史書にも登場しており，国際的に孤立していたのではありませんね。

3世紀半ばに大和地方（奈良県）に巨大な古墳が築造され，古墳時代が始まりました。原始の支配者の墓とはけた違いに大きな墓が造られたことから，大きな権力を握った支配者（大王）が登場したことを推定できます。このことは原始の小国連合とは異なる広大な政治的なまとまり，つまり，大王を中心に畿内地方の有力豪族*2の連合政権であるヤマト政権が誕生し，国家の形成が進んだことを意味しています。

さらに，遣隋使や遣唐使などにより伝えられた文物を学んで，中央集権国家としての制度を整えました。そして，8世紀初頭に中国の律令制度を導入して，貴族層を中心とする律令国家 →P.128 が形成されました。しかし，社会の変容に合わせて，律令制度も実情に応じて修正する必要に迫られました。そして，摂関政治 →P.134 が行われるようになります。この支配体制は，武力を背景に台頭した武士により崩れ，中世へと移っていきます。

西暦 B.C. A.D. 100 200 300 400 500 600 700 800 900 1000 1100

時代	縄文	弥生	古墳	飛鳥	奈良	平安		
政治		小国の分立	ヤマト政権		律令国家	摂関政治		
文化			古墳	飛鳥 白鳳 天平		弘仁・貞観 国風		
主な出来事		後漢奴国が 後漢に遣使 / 邪馬台国	ヤマト政権 / 倭の五王	仏教の伝来 / 大化改新 / 平城京遷都	平安京遷都 / 摂関政治開始 / 藤原純友の乱・平将門の乱 / 武士が成長			
中国	秦 前漢 新 後漢	三国 西晋 / 南北朝	隋	唐	五代十国 / 宋			

東晋・五胡十六国

*1 およそ3世紀前半には邪馬台国（女王卑弥呼）を中心とする地域連合が成立。
*2 独自に領地や領民を所有する小国の王や大王家の重臣。

第1章　原始・古代　旧石器時代・縄文時代

キーワード　(更新世)　(打製石器)　(完新世)　(磨製石器)　(縄文土器)

**Q02　旧石器時代と縄文時代の違いは
なんですか？**

A
- 旧石器時代は，打製石器を使用していた時代。
- 縄文時代は，打製石器に加えて磨製石器を使用し，さらに土器（縄文土器）を使用していた時代。

約1万6000年前より古い時代を旧石器時代，約1万6000年前から約2800～2500年前までを縄文時代と言います。

　地質学では今から約1万年前までを**更新世**といい，旧石器時代はほぼ更新世にあたります。更新世は**氷河時代**ともいわれ，この頃は海面が現在よりもかなり低く，日本列島は大陸と陸続きになることがありました。そこを通って，ナウマンゾウやオオツノジカなどの大型動物がやってきて，人類も日本列島に移り住むようになったと考えられています。

　旧石器時代の人々は，狩猟や採集を行う生活をおくっていました。狩猟には原石を打ち欠いた**打製石器**を使用していました。また，遺跡に残っている生活の跡が少ないことから，**小規模な集団で，絶えず一定の範囲を移動していた**と考えられています。

ひとこと

岩宿の発見

日本では，更新世の日本列島では人類は生活していなかったと言われていましたが，1946（昭和21）年，群馬県の**岩宿**で，関東ローム層（更新世中期～後期の火山灰が堆積した層）から打製石器が発見され，日本にも旧石器時代が存在したことが証明されました。これ以降，多くの旧石器時代の遺跡が発見され，沖縄県の港川で後期旧石器時代の化石人骨も発見されました。

▼旧石器時代の石器と使用法

握槌　　　　ナイフ形石器　　　　尖頭器　　　細石器

今から約1万年前に地質学でいう**完新世**になると，気候が温暖になり，海面が上昇して日本列島が成立しました。人々の生活も大きく変化し，打製石器に加えて表面を磨いた**磨製石器**，中小動物を狩猟するため石鏃（矢じり）を装着した**弓矢**，漁労には**骨角器**などが使用されるようになりました。また，**縄文土器**が作られ，食物を煮ることが可能となり食生活も豊かになりました。この時代を**縄文時代**[*1]と言い，この時代の文化を**縄文文化**と呼びます。

世界史では磨製石器を使用する時代を新石器時代と呼びますよね。
日本ではなぜ縄文時代と呼ぶのですか？

世界史では新石器時代になると農耕や牧畜が始まりますが，日本では本格的な農耕が始まるのは弥生時代からですので，世界史の区分と異なるため縄文時代と呼ぶわけです。

食料が安定的に確保できるようになると，**人々は竪穴住居を営んで定住し**，集落も形成されるようになり，集落の周辺には**貝塚**もできあがるようになりました。**黒曜石やヒスイ（硬玉）が分布している状況から遠方にある集落との交易も行われていたと考えられます**。自然物などに霊魂が宿ると信じる**アニミズム**や呪術的な風習や儀礼である**土偶**・屈葬・抜歯などが発達しました。また，本格的な農耕は行っていませんが，青森県の**三内丸山遺跡**ではクリの栽培が始まっていたと考えられています。

*1　縄文時代は土器の形状から草創期・早期・前期・中期・後期・晩期の6期に区分される。

第1章　原始・古代　弥生時代

キーワード　環濠集落　『漢書』地理志　『後漢書』東夷伝　「魏志」倭人伝

Q03　農耕は人々の生活にどのような影響を与えたのですか？

A
- 生産物の蓄積により貧富差・身分差が発生した。
- 集落を支配する首長が登場し戦いが始まった。
- 集落が統合された小国の誕生・分立，連合体の形成。

紀元前5〜前4世紀頃に，北海道と南西諸島をのぞいた日本列島で，水稲耕作を行い，金属器（青銅器・鉄器）と弥生土器を使用する文化が成立しました *¹。この頃から古墳が造られる3世紀半ばまでを弥生時代，この文化を弥生文化といいます。

狩猟・採集が中心の社会から食料を生産する社会に変化すると，**食料に余剰が生まれます**。収穫物が高床倉庫などに蓄積されるようになると，**貧富の差が生じ，身分差も発生しました**。水田の耕作は共同作業で行われ，作業を指揮する集落の**首長**は，しだいに人々を支配する権力をもつようになりました。

世界史では，農耕社会になると，戦いのための武器や防御のための施設をもつ集落が現れ，戦いが始まったと習いましたが，日本ではどうだったのでしょうか？

日本列島でも，縄文時代には見られない，集落を溝で囲んだ**環濠集落**が現れ，土地や水，余剰生産物をめぐって戦いが始まったと考えられます。

　集落の首長は，周辺の他の集落と対立や抗争が発生すると戦闘の指揮をとりました。こうして戦いの時代が始まり，勝った集落は敗れた集落を統合し，各地に**クニ**と呼ばれる小国が分立するようになりました。多くの副葬品が納

められた甕棺墓や土を盛った大きな墳丘墓に葬られたのは，こうしたクニの首長だと考えられます。

九州北部の特定の甕棺墓からは，多量の大陸製の銅鏡などの副葬品が発見され，首長のなかに大

ひとこと

弥生時代の墓制

死者は共同墓地に，伸展葬の形で葬られることが多くなりました。九州北部などでは，大きな土器に死者を納めた甕棺墓や地上に大石を置いた支石墓が出現しました。周囲に溝をめぐらした方形周溝墓の中心部に納めることもありました。

陸と交渉する者が現れたことがわかります。中国の歴史書『漢書』地理志によると，紀元前1世紀頃，倭人 *2 の社会は100余国に分かれ，中国が朝鮮半島北部に設けた楽浪郡に定期的に朝貢 *3 していました。ついで，『後漢書』東夷伝には，紀元57年に倭の奴国の王の使者が後漢の皇帝から金印 *4 を授けられ，107年には倭国王帥升等が皇帝に生口（奴隷か？）を献上したことが記されています。**小国の王は，中国と交渉をもつことで倭国内における立場を強化しようとしたわけです。**

中国の歴史書『三国志』の『魏志』倭人伝によると，2世紀後半頃から激しくなった倭国の大乱は，3世紀前半に卑弥呼を王に立てて収まりました。そして**女王卑弥呼は邪馬台国を中心とする約30国の連合体を支配しました。**

稲作が伝わったことで，身分差が生まれ，首長が登場して小国が分立して，戦いを通じて小国連合が生まれたのですね。

その通りです。3世紀後半以降，約150年間，中国の歴史書に倭国に関する記事は見あたりません。その間に近畿地方に誕生したヤマト政権 →P.122 が広範な地域を支配下において，しだいに倭国は統一されていったようです。

*1　北海道では続縄文文化，南西諸島では貝塚後期文化と呼ばれる食料採集文化が継続。
*2　当時，中国から，日本列島に住む人々は倭人，その国は倭国と呼ばれていた。
*3　中国の皇帝に王と認められるため，貢物を贈り，返礼品をもらう外交関係。
*4　1784年（江戸時代後半）に福岡県志賀島で発見された金印とされる。

第1章　原始・古代　古墳時代

キーワード　前方後円墳　ヤマト政権　群集墳　倭の五王

Q04 古墳とはなんですか？　出現したことで何がわかるのですか？

A
- 古墳とは，大きな権力を握った支配者の墳墓。
- ヤマト政権の成立やその勢力の拡大と朝鮮半島への進出，有力農民の台頭と支配構造の変化がわかる。

古墳が造られた3世紀半ばから7世紀を古墳時代と呼び，3世紀半ば〜4世紀後半を前期，4世紀末〜5世紀末を中期，6〜7世紀を後期に区分しています*1・2。

　3世紀半ばから後半にかけて，近畿地方から瀬戸内海沿岸の各地に，大きな墳丘をもつ前方後円墳が造られるようになり，墳丘の上には埴輪が並べられました。出現期の大きな古墳の多くは大和地方（奈良県）に造られたことから，大和地方の首長（有力豪族）たちの政治連合であるヤマト政権が成立し，前方後円墳はヤマト政権の盟主である大王の墓であると考えられます。

　古墳は4世紀半ばまでに東北地方の南部まで広がり，各地の有力豪族は大和地方と同様に前方後円墳を造りました。このことはこの時期までにヤマト政権の勢力範囲が東北地方南部にまで拡大したことを意味しています。前期・中期の古墳の埋葬施設は，被葬者を入れた木棺や石棺を竪穴式石室に納めるものでした。副葬品は三角縁神獣鏡など宗教的な要素の強いものが多く，被葬者である大王や各地の有力豪族は祭祀をつかさどる司祭者的な性格だったと考えられます。中期になると鉄製武器や馬具などが副葬品に加わり，被葬者が武人的・軍事的支配者に変化したと思われます。

　古墳時代後期になると近畿以外の地方で大きな古墳はあまり造られなくなりました。このことはヤマト政権の性格が有力豪族の連合政権から，**各地の豪族が服属する形に変化**したことを示します。埋葬施設も被葬者個人の墓である竪穴式石室から，追加して葬ることができる横穴式石室に変化しました。また，有力農民たちが多数の小型の円墳を造営する群集墳も登場しました。

　大王や有力豪族の権威の象徴であった古墳を有力農民が造るようになったのですか？

　地方豪族の支配下に置かれていた有力農民を，ヤマト政権は直接支配しようとして古墳の造営を認めたわけです。その結果，地方豪族の支配が動揺することになりました。

　朝鮮半島では，4世紀半ば，高句麗・百済・新羅の3国が勢力を争っていました。倭（ヤマト政権）は鉄資源を求めて，半島南部の加耶（加羅）諸国と密接な関係をもっていました。4世紀後半，高句麗が勢力を拡大すると，倭は百済や加耶とともに高句麗と争います。倭と高句麗が戦い，倭が敗れたことが高句麗の広開土王（好太王）碑の碑文に記されています。中国の歴史書『宋書』倭国伝によると，5世紀から6世紀にかけて，ヤマト政権の5人の大王（倭の五王）[3]が中国の南朝に朝貢 →P.121 しました。これは**中国皇帝の権威を背景に，朝鮮半島南部における立場を有利にしようとはかったためです。**

▼5世紀の東アジア

---

[1]　古墳の数が大幅に減少する7世紀を終末期と呼ぶこともある。
[2]　前期の箸墓古墳（奈良），中期の大仙陵古墳（大阪），後期の新沢千塚古墳群（奈良）が代表的古墳。
[3]　讃・珍・済・興・武の5人。武は稲荷山古墳の鉄剣や江田船山古墳の鉄刀に見えるワカタケル大王と考えられ，『日本書紀』などにある雄略天皇にあたるとされる。

第1章 原始・古代 飛鳥時代1

キーワード 蘇我馬子 冠位十二階 憲法十七条 遣隋使

Q05 厩戸王や蘇我氏はどのような
政治を行ったのですか？

A
- 豪族の連合政権であったヤマト政権とは異なり，天皇中心の中央集権国家を目指す国内政策。
- 倭の五王とは異なり，中国に従属しない外交政策。

　ヤマト政権の下，豪族は血縁に基づく政治的な集団である氏と呼ばれる組織に編成され，大王は氏に対して身分を示す姓と呼ばれる称号を与えました。このようなヤマト政権の支配の仕組みを氏姓制度と言います。有力豪族は，私有地である田荘と私有民である部曲を有していました*1。

　6世紀の朝鮮半島では，高句麗に圧迫されて南下した百済や新羅が半島南部の加耶諸国 →P.123 に勢力を伸ばします。**562年までに加耶諸国は百済・新羅に支配され，朝鮮半島におけるヤマト政権の影響力は大きく低下しました。**

　6世紀初めに政治の中心にいた中央の有力豪族である大伴氏は，朝鮮半島への政策の失敗により勢力をなくしました。代わって，朝廷*2の軍事・神事を担当する物部氏と，財政を担当する蘇我氏が対立するようになり，6世紀半ばに伝来した仏教をめぐって両者の対立は激化しました。**仏教の受容に積極的な蘇我氏と伝統的な信仰を重視する物部氏との間で戦闘が起こり，587年に蘇我氏が物部氏を滅ぼしました。**

　この頃，東アジアでは，隋が中国国内を統一して大帝国を築き，高句麗な

ど周辺諸国に大きな影響を与えていました。このような国際的緊張のもとで，倭では政権を握った**蘇我馬子**と**推古天皇**の甥の**厩戸王**（**聖徳太子**）が協力して，**豪族がそれぞれ独自に人や土地を支配する体制に代わり，天皇中心の中央集権国家の形成を目指しました。**

603年に**冠位十二階**を定め，氏によって世襲される姓と異なり，個人の才能や功績に対して冠位を与えることとしました。翌604年に発せられた**憲法十七条**は，豪族たちに官僚として守るべき心がまえを説くとともに，新しい政治理念として仏教を重視するものでした[*3]。

憲法十七条は，現在の国家の最高法規としての憲法ではなく，官僚の心がまえと言いますが，具体的になんと書いてあるのですか？

たとえば「三に曰く」では「天皇の命令を受けたならば必ず従え」と説いています。「十二に曰く」では「国に二人の君主はなく，民に二人の主人はいない……国政を担う役人はみな王の臣下である」と説いています。

倭の五王 →P.123 以来とだえていた中国との外交も再開することとなり，600年に最初の**遣隋使**を派遣し，607年に**小野妹子**を派遣しました。**小野妹子が持参した国書は，倭の五王が中国の皇帝から倭王に任命されits統治権を認められたときとは異なり，中国に従属しない形式をとっていました。**翌608年には留学生の高向玄理や学問僧の南淵請安・旻が派遣されました。長い留学期間を終えて帰国した彼らは，**大化改新** →P.126 と呼ばれる国政改革において大きな役割を果たしました。

*1 大王家の直轄民を名代・子代，ヤマト政権の直轄地を屯倉と呼ぶ。
*2 中国の皇帝や日本の大王による政治組織や政治の場のこと。日本ではのちに天皇や貴族による政権をさすようになった。
*3 蘇我馬子は飛鳥寺を，厩戸王は法隆寺を建立するなど，仏教の興隆につとめた。

第1章 原始・古代 飛鳥時代2

キーワード 乙巳の変 白村江の戦い 天智天皇 壬申の乱 天武天皇

Q06 大化改新で政治はどのように変化したのですか？

A

- 有力豪族の連合政権から，天皇を中心とする官僚制による中央集権的な政府に変化。
- 新政府による律令国家建設を目指す諸政策を実施。

　618年，隋を滅ぼした唐が勢力を拡大する動きを見せると，警戒した高句麗・百済・新羅は国力を強化しようとしました。国際的緊張が高まるなか，倭では蘇我蝦夷・入鹿が専制的な権力をふるっていました。この頃，**中国から帰国した留学生や学問僧が，唐の国家のしくみなどを伝えると，天皇中心の官僚制による中央集権国家をつくろうとする動きが起こりました。**そこで，645年，皇極天皇の子の**中大兄皇子**は，**中臣鎌足**（のちの藤原鎌足）らとともに蘇我蝦夷・入鹿を滅ぼしました。この事件を**乙巳の変**と呼びます。

　中大兄皇子は孝徳天皇を立て，自らはその皇太子となり国政の改革を主導しました。中臣鎌足を内臣に，唐から帰国した高向玄理と僧の旻を国博士に任じ，初めての年号を大化とし，都を飛鳥から難波に移しました。**646年には新政府の方針として4か条からなる改新の詔が出されました。**その内容は，①王族や豪族の私有地・私有民→P.124を公地・公民とする。②畿内・国・郡[*1]など中央・地方の行政区画を定める，③戸籍・計帳を作り班田収授を行う，④新しい統一的な税制を定める，というものです。**こうした新政府による一連の政治改革を大化改新と呼び，以後，律令国家建設の動きが強まることとなります。**

朝鮮半島では，唐と新羅が連合して百済を滅ぼしました。中大兄皇子は百済を救援するために大軍を派遣しましたが，663年，白村江の戦いで唐・新羅の連合軍に敗れました*2。中大兄皇子は大宰府を守る水城や各地に朝鮮式山城を築くとともに，防人を配置するなど防衛を固めます。そして都を近江大津宮に移し，天智天皇となりました。天智天皇は法令の編纂を試み*3，670年，全国一律の徴兵などのために，初めての全国的な戸籍である庚午年籍を作成するなど，国力の強化をはかりました。

天智天皇が没すると，672年，天智天皇の子で近江朝廷を率いる大友皇子と天智天皇の弟の大海人皇子が皇位継承を争い，壬申の乱が起きました。大和の吉野で挙兵した大海人皇子は，美濃や尾張など東国の兵を動員して大友皇子を倒しました。

大海人皇子は大和の飛鳥浄御原宮で即位して天武天皇となりました。大きな権力を握った天武天皇は天皇と皇族に権力を集中した中央集権国家の建設を進めました。天武天皇は豪族の私有民である部曲を廃止し，皇族出身の氏族を最高位とする八色の姓を定めて，豪族たちを天皇中心の新しい身分秩序に編成しました。また，律令や歴史書の編纂，本格的な都城の造営，貨幣の鋳造に着手しました。

ヤマト政権までは大王だったのに，いつ頃から天皇という呼び方が始まったのですか？

天皇の権力が高まった7世紀後半に天皇号が成立したという説が一般的ですが，推古朝における隋との外交のなかでつくられたという説もあります。

*1 木簡などから大宝律令の制定までは「郡」ではなく「評」であったことが判明した。
*2 唐と新羅は高句麗も滅ぼし，その後，新羅は唐の勢力を追い出し，朝鮮半島を統一した。
*3 近江令を制定したという説もある。

第1章　原始・古代　飛鳥時代・奈良時代

キーワード （藤原京）（大宝律令）（国・郡・里）（平城京）（遣唐使）

Q07 律令国家とはなんですか？ どうしてできあがったのですか？

A
- 律令制に基づいて全国を統治する国家のこと。
- 唐の強大化，朝鮮半島情勢の変化など国際的緊張のなかで中央集権国家としてのしくみの整備が必要に。

律令とは簡単に言えば法律のことです。律は今日の刑法，令は民衆を統治するための法です。いずれも唐の律と令を参考にしていますが，日本の状況に応じて改変されています。

天武天皇の没後，皇后の**持統天皇**が即位し，689年に飛鳥浄御原令を施行しました。翌年にはこれに基づいて庚寅年籍という戸籍をつくり，また，694年には，**藤原京**に遷都しました。藤原京は中央集権国家の象徴となりました。

いままでは都は○○宮のように「宮」だったのに，藤原京は「京」となったのですね？

いままでは天皇一代で都を変えていました。藤原京は中国の都城を模した都で，持統・文武・元明の三代の天皇の都となりました。

　701年，文武天皇の時代，**大宝律令**★1が刑部親王や藤原不比等らによって完成し，**ヤマト政権を構成していた畿内の有力豪族が，天皇を君主として，律令制に基づいて，全国の豪族と人民を支配する律令国家が完成しました。**

　中央には，神々の祭祀を担当する**神祇官**と行政を統轄する**太政官**が設けられ，太政官のもとに置かれた式部省や民部省などの**八省**が政務を分担しまし

た。太政官の左大臣・右大臣などの公卿が重要な政策を審議し，天皇の裁可を得て実行されました。地方は，畿内・七道に区分され，国・郡・里（のち郷）の行政組織が整備されました。国司は中央から派遣され，郡司は在地の豪族が，里長は有力農民から任命されました。

律令国家では，民衆は戸[*2]に編成され戸籍・計帳に登録されました。**戸籍**は6年ごとに作られ，戸を単位に口分田を班給する**班田収授**のための台帳です。**計帳**は毎年作られ，調・庸などの税や労役を課すための台帳です。**これらは豪族への土地集中を防止し，農民の最低限の生活を保障して，税や兵士の供給源を確保するために作成されました。**

710年，元明天皇は藤原京から平城京に遷都し，この後，長岡京・平安京→P.132に都が移るまでを奈良時代と呼びます。奈良時代は藤原氏と皇族などの勢力がほぼ交代で政権を担当した時代です。中央で政権抗争が繰り返される一方で，律令制の支配が進むと，農民の負担が重くなり，農民のなかには，戸籍に載っている土地を離れる**浮浪**や，行方不明となる**逃亡**を行う者も現れました。また，口分田の不足や荒廃も目立つようになり，政府は743年に**墾田永年私財法**を発して，開墾した田地を永久に私有することを認めました。その結果，貴族・寺院などの有力者は積極的に開墾を進め，私有地を増やしました。これらの私有地を**初期荘園**と呼びます。浮浪・逃亡した農民たちがその労働力となりました。

> 702年に30年ほどとだえていた遣唐使が再開され，その情報に基づき，唐の都長安を模した平城京が造営されました。また，中国で呼ばれていた「倭」ではなく国号を「日本」に，君主号を「天皇」にしたことを中国に伝えたとも言われます。これは中国の冊封体制下に入らず独自に支配することを認めさせるためです。

*1 718年に藤原不比等らによって養老律令が完成（施行は藤原仲麻呂政権下の757年）。
*2 生活をともにする家族ではなく，戸籍上の家族で郷戸と呼び，成員は25人程度。

第1章 原始・古代 古代の文化1

キーワード 国家仏教 遣唐使 鎮護国家の思想 正倉院宝庫

Q08 飛鳥文化・白鳳文化・天平文化のそれぞれの特徴はなんですか？

A

- 飛鳥文化は，日本で最初の仏教を中心とする文化。
- 白鳳文化では，仏教が国家仏教として発展。
- 天平文化では，鎮護国家の思想により仏教が一層発展。

　飛鳥文化は，7世紀前半，厩戸王（聖徳太子）などの王族や蘇我氏によって広められた仏教を中心とし，飛鳥・斑鳩地方で起こった文化です。百済や高句麗，南北朝時代の中国の文化の影響を受けています。

　この時代の仏教は，王族や中央の有力豪族によって信仰されました。彼らは古墳に代わって豪族の権威を示すものとして，大規模な寺院を建てました。蘇我氏による飛鳥寺（法興寺）や厩戸王の創建と伝わる四天王寺・法隆寺（斑鳩寺）などが代表的寺院です。

　白鳳文化は，7世紀後半から8世紀初頭の律令国家の建設が進められた天武・持統天皇時代に生まれた文化です。遣唐使の派遣が中断されていた7世紀後半には新羅を経て，8世紀には再開された遣唐使によって伝えられた唐初期の文化の影響を受けています。

　大官大寺（のちの大安寺）や薬師寺など官立の大寺院が建てられるなど，仏教が国家仏教として発展しました。貴族たちは漢詩文を作るようになり，漢詩の影響を受けた和歌では，長歌や短歌などの詩型が整い，柿本人麻呂や額田王が格調高い和歌を残しました。絵画では法隆寺金堂壁画にインドや西域，高松塚古墳壁画に中国や朝鮮半島の影響があります。

　律令国家が確立した奈良時代には，唐の進んだ文化の影響を受けた国際色豊かな貴族文化が平城京（へいじょうきょう）を中心に栄えました。この時代の文化を聖武天皇の時代の年号から天平文化と呼びます。

　仏教によって国家の安泰（あんたい）をはかるという鎮護国家の思想によって，仏教は朝廷の保護を受けてさらに発展しました。都には東大寺（とうだいじ）など大寺院が建立され，南都六宗（なんとろくしゅう）と呼ばれる仏教の教えを研究する学派も生まれました。仏教の発展には，唐から渡来した鑑真（がんじん）も大きな役割を果たしました。東大寺の倉庫であった正倉院宝庫*1にはさまざまな工芸品が納められています。

　天皇の国家統治の正統性を物語るために，天武天皇の時代に始められた歴史書の編纂（へんさん）では，奈良時代の初めに『古事記』（こじき）と『日本書紀』（にほんしょき）が完成しました。また，政府は『風土記』（ふどき）の提出を命じ，諸国の地理・伝承・産物などを報告させました。7世紀後半以来の作品を集めた現在最古の漢詩集である『懐風藻』（かいふうそう）や，現在最古の和歌集である『万葉集』（まんようしゅう）も編纂されました。

日本の文化ですが，中国など国際的な影響を強く受けているのですね？

遣唐使の派遣が大幅に減る9世紀以降も，日本の文化は中国文化の影響を受けることになります。古代や中世の文化史学習において，中国の影響などの特徴を理解することが大事です。

ポイント

飛鳥文化	白鳳文化	天平文化
・百済や高句麗，中国の南北朝時代の影響を受けた。 ・王族や有力豪族が寺院を建立した。	・唐の初期の文化の影響を受けた。 ・官立の大寺院が建立され，仏教は国家仏教として発展。	・唐の進んだ文化の影響を受けた，国際色豊かな文化。 ・鎮護国家の思想で仏教はさらに発展。

*1　中国・朝鮮半島はもちろん，東ローマやペルシア，インドの様式を伝える美術品が納められ，天平文化の国際的な性格を示している。

第1章 原始・古代 平安時代1

キーワード 桓武天皇 徳政相論 嵯峨天皇 令外官

Q09 平安京に都が移って，奈良時代からどう変化したのですか？

A
- 寺院勢力の政治的影響力を排除。
- 令外官の設置や格式の編纂により，律令制度を日本の実情に合うように修正。

桓武天皇による平安京への遷都から，源頼朝が鎌倉に幕府を開くまでの，約400年間を平安時代と呼びます。

奈良時代の終わり，僧の道鏡が権勢をふるうなど仏教政治の弊害が強まっていました。そこで桓武天皇は，天皇権力を強化し，政治の立て直しを目指して，784年に寺院勢力の強い平城京を離れ，交通の便のよい山背国の長岡京に遷都しました。さらに794年には平安京に都が移され，山背国も山城国と名前を改められました。

東北地方では，律令国家が多賀城を拠点に勢力を拡大させました。その動きに対し，奈良時代の終わり頃から東北の蝦夷の抵抗が強まっていました。そこで桓武天皇は征夷大将軍の坂上田村麻呂を派遣して，蝦夷の抵抗を鎮圧し，東北地方のほとんどの地域に律令国家の支配が及びました。

しかし，財政と民衆には，蝦夷との戦いと平安京の造営という二大事業は重い負担でした。桓武天皇は徳政相論という議論

> **ひとこと**
>
> **徳政相論**
>
> 民を苦しめているのは軍事（蝦夷との戦い）と造作（平安京の造営）だとする藤原緒嗣と，この二大事業の継続を主張する菅野真道との論争です。桓武天皇は緒嗣の意見を取り入れ，2つの事業を中止しました。

を受けて，この2つの事業を中止しました。

　桓武天皇は財政の立て直しにもつとめ，勘解由使を設けて，国司が交替する際の事務引き継ぎを厳重に監督させ地方の財政を引き締めました。また，唐の衰退などで東アジアの緊張が薄れたため，農民の重い負担となっていた兵役を一部の地域をのぞいて廃止し，郡司の子弟などからなる健児を編成しました。

　桓武天皇の政治改革は，息子の平城天皇・嵯峨天皇にも引き継がれました。嵯峨天皇は天皇の命令を迅速に伝達するため蔵人頭を設け，平安京内の警察を担当する検非違使を新設しました。桓武天皇や嵯峨天皇によって**新設された勘解由使・蔵人頭・検非違使などは令外官と呼ばれ，実務的で重要な役割を果たすようになります。**さらに，律令の制定後，社会の実情に応じて出された律令の補足・修正法である格と施行細則である式が分類されて，弘仁格式が編纂されました*1。

　奈良時代後半から，農民はさまざまな手段で重い負担を逃れようとしました。そのため，**政府は実態にあった農民の把握ができなくなり，班田収授も難しくなりました。**そこで，政府は有力農民を使った直営方式の田を設置し*2，財源の確保にとりくみました。その一方で，院宮王臣家と呼ばれる少数の皇族や貴族が，私的に土地を集め，権力をもつようになりました。

地図を見ると，平安京は2つの川に挟まれた危険な土地にあると思うのですが，約400年間も日本の都だったのですね。

よく気づきましたね。平安京の右京（西側）は桂川の水害で荒廃します。その後，平安京の東側の洛東と呼ばれる地域が発展します。平氏が拠点とした六波羅などは洛東に位置します。

*1　弘仁格式について，貞観格式や延喜格式が編纂され，あわせて三代格式と呼ばれる。
*2　直営方式の田地としては，大宰府管内の公営田や畿内の官田などがある。

第1章　原始・古代　平安時代2

キーワード　摂政　関白　藤原道長　藤原頼通

Q10 摂関(せっかん)政治はどのようにして成立し，
どのような特徴があるのですか？

A
- 藤原氏が摂政(せっしょう)・関白(かんぱく)となり朝廷の人事権を握る。
- 重要な政策は公卿(くぎょう)会議を経て天皇が決裁。
- 儀式・先例を重視する形式的な政治。

律令(りつりょう)国家の政治運営は，桓武(かんむ)・嵯峨(さが)天皇の時代に修正されました。やがて藤原氏が天皇を補佐する摂政・関白に就くと，運営の方法は大きく変化します。

　9世紀半ば以降，藤原氏の北家(ほっけ)[1]が勢力を伸ばすようになりました。嵯峨天皇に信任された藤原冬嗣(ふじわらのふゆつぐ)は蔵人頭(くろうどのとう)になり，天皇家とのつながりを深めました。その子の藤原良房(よしふさ)は，承和の変(じょうわのへん)や応天門の変(おうてんもんのへん)で有力な他氏族を排斥(はいせき)し，その間の858年に良房の娘が生んだ幼少の清和(せいわ)天皇を即位させ，自ら摂政となって，天皇に代わって政務を行いました。

　良房の養子の藤原基経(もとつね)は，光孝(こうこう)・宇多(うだ)天皇の時代に関白の政治的地位を確立させました。基経の死後，醍醐(だいご)・村上(むらかみ)天皇の時代には摂政・関白が置かれず，菅原道真(すがわらのみちざね)など有能な文人官僚が登用される時期もありました[2]。そして，**969年の安和の変(あんなのへん)以降，藤原氏が天皇の外戚(がいせき)(母**

ひとこと

摂政・関白

摂政とは「政を摂(と)る」という意味で，天皇に代わって政務の決裁ができる地位のことです。関白とは「関(あずか)り白(もう)す（関与する）」という意味で，天皇の決裁文書をあらかじめ見て，天皇を補佐する地位のことです。

方の親戚）として，天皇の幼少時には摂政となり，天皇が成人すると関白となって，政治の実権を握ることが慣例となりました。このような政治のあり方を摂関政治と呼び，藤原氏のなかでも摂政・関白を出す家柄を摂関家と言います。

　その後，天皇の外戚となることを目指して，摂関家内の一族同士が争いましたが[3]，藤原道長の頃までにおさまり，道長の子の頼通は3代の天皇の外戚となり，約50年もの間摂政・関白をつとめ，道長・頼通父子2代は摂関政治の最盛期となりました。

　摂政・関白は，天皇の身近な外戚として，伝統的な天皇の権威を利用して，官職の任命や位階の昇進など人事権を掌握し，絶大な権力をもちました。しかし，**摂関政治でも天皇が太政官を通して全国を支配する形となっていました。**主な政務は太政官で公卿や殿上人と呼ばれる上級貴族によって審議され，天皇（天皇が幼少の場合は摂政）が決裁し，政策は太政官符・宣旨などの文書で命じられました。その一方で，**儀式（年中行事）が重視され，国政の審議も儀式と同じように先例どおり運営されることが重んじられるようになりました。**

藤原道長といえば「此の世をば我が世とぞ思ふ望月のかけたることも無しと思へば」という歌でも知られています。とても傲慢で独裁者のような気がしますね？

国政に関わる重要な問題は，摂政・関白の出席しない陣定という会議で審議での結果を参考に天皇が決裁しました。政治の運営において，道長が独裁的な権力を発揮したわけではありません。

---

[1]　藤原不比等の4人の子は，それぞれ南家・北家・式家・京家の四家を立てた。
[2]　醍醐・村上天皇は自ら政治を主導し，のちに「延喜・天暦の治」とたたえられた。
[3]　藤原兼通・兼家の兄弟間の争いや藤原道長・伊周の叔父・甥の間の争いが知られている。

第1章 原始・古代 古代の文化2

キーワード 文章経国思想 漢文学 密教 かな文学 浄土教

Q11 平安時代の文化の特徴はなんですか？

A
- 弘仁(こうにん)・貞観(じょうがん)文化は唐(とう)文化を消化・吸収した文化。
- 国風(こくふう)文化は，唐文化を前提に国風化が進んだ文化。
- それぞれの時期で密教(みっきょう)と浄土教(じょうどきょう)が流行。

平安遷都(せんと)から遣唐使が停止される9世紀末頃までの文化を，**弘仁・貞観文化**と呼びます。弘仁・貞観は嵯峨(さが)・清和(せいわ)天皇の時の年号です。**平安京において貴族を中心に，唐の文化を摂取・消化しながら，唐風の学問や儀礼を重視する新しい文化です。**文芸を中心に国家の隆盛を目指す**文章経国思想(もんじょうけいこく)**が広まり，**漢文学**がさかんになり，勅撰(ちょくせん)の漢詩文集が編纂(へんさん)されました。

貴族たちは漢字文化に慣れ親しみ，漢文を使いこなすようになりました。また，日本語を効率よく表現するため，**平仮名**や**片仮名**が生まれました。このような動きは，のちの国風文化の土台になりました。

奈良時代後半の仏教が政治に介入した弊害(へいがい)の反省から，平安京には奈良の大寺院の移転が認められず，桓武(かんむ)天皇や嵯峨天皇は，遣唐使とともに唐に留学した最澄(さいちょう)・空海(くうかい)の新しい仏教をとりいれました。**最澄**は比叡山(ひえいざん)に**延暦寺(えんりゃくじ)**を建て，**天台宗(てんだいしゅう)**をおこしました。**空海**は高野山(こうやさん)に**金剛峯寺(こんごうぶじ)**を建て，さらに平安京の**教王護国寺(きょうおうごこくじ)（東寺(とうじ)）**を中心に，**密教(みっきょう)**[*1]の秘法による真言宗(しんごんしゅう)を開きました。天台宗もやがて密教をとりいれ，**密教は朝廷(ちょうてい)や貴族の支持を受け，広く信仰されるようになりました。**

　9世紀後半から10世紀にかけて，貴族の社会を中心として，**これまで摂取してきた中国の文化をふまえて，日本の風土，日本人の考え方や生活にあうように工夫した文化がおこりました**。このようにして生まれた10〜11世紀半ば頃までの文化を**国風文化**と呼びます。

　文化が国風化したことの象徴となるのは，**かな文字**です。かな文字の発達を受けて，**かな文学**がさかんになりました。まず，和歌がさかんとなり，初の勅撰和歌集である『古今和歌集』が編纂されました。さらに宮廷につとめる女官の手による『源氏物語』や『枕草子』が創作されました。

　この時代の仏教は，祈禱により現世利益を求める貴族と結びついた天台宗・真言宗が勢力を強めました。その一方で，**現世の不安から逃げようとする浄土教も流行しました**。浄土教は，阿弥陀仏を信仰し極楽浄土に往生することを願う教えで，10世紀半ばに市聖と呼ばれた**空也**が京でこの教えを説き，貴族だけでなく庶民にも広がりました。

 すがわらのみちざね菅原道真の建議で遣唐使が停止されたから，中国の文化の影響がなくなり国風文化が生まれたのではないのですか？

遣唐使の停止後も，中国との貿易はさかんに行われ，貴族層には唐物（中国からの輸入品）へのあこがれがありました。重要なのは国風文化の前提に，消化・吸収した中国文化があったことです。

 ポイント

弘仁・貞観文化	国風文化
・唐の文化を消化・吸収 ・漢文学の隆盛 ・密教の流行	・唐文化を前提に国風化が進む ・かな文学の誕生 ・浄土教の流行

*1 南都六宗のように経典を学んで悟りを開く顕教に対し，密教は神秘的な呪法を通じて悟りを開こうとした。

第1章 　原始・古代　武士の登場

キーワード 武士団 棟梁 桓武平氏 清和源氏

Q12 武士はどのように力を得ていったのですか？

A

- 地方政治が変化するなかで地方豪族などが武装化。
- 平将門の乱や藤原純友の乱を経て，朝廷や貴族が武士の力を認識し，武士を登用。

10世紀の初めには，律令体制の行き詰まりが明らかになってきました。戸籍・計帳の作成や班田収授もできなくなったため，民衆から税を取り立てられなくなり，財政が悪化しました。そこで国司に地方支配を一任し，大きな権限を与え，徴税の責任を負わせました。やがて国司は受領と呼ばれるようになりました。

9世紀末から10世紀にかけて，地方政治が大きく変化しました。任期終了後も任地に残った国司の子孫や地方豪族は，勢力を保ち，広げるために武装するようになり，有力な武士[*1]となる者が出現しました。

彼らは一族である家子などや従者である郎等（郎党）などを率いて武士団をつくり，近隣の武士団と紛争を繰り返しました。やがてこれらの武士たちは，中央から下向した源氏や平氏などの貴族を棟梁と仰いで，大きな武士団に成長するようになりました。

関東では土着した桓武平氏[*2]のうち，下総を根拠地とする平将門が一族と争う中で，国司とも対立し，939年に常陸の国府を襲撃して平将門の乱へと発展しました。

やがて，平将門は関東のほとんどを占領し新皇と自称しましたが，一族の**平貞盛**と下野を拠点とする**藤原秀郷**により討たれました。平将門の乱と同じ頃，もと伊予の国司の**藤原純友**が，瀬戸内海の海賊など現地の武士を率いて藤原純友の乱を起こしました。純友は伊予の国府や大宰府を襲撃しましたが，**清和源氏**[*3]の**源 経基**らにより討たれました。

これらの乱を平定した源経基や平貞盛の子孫により，**兵の家**（軍事貴族）が成立しました。**地方で発生した武士の反乱を同じ武士が鎮圧したことで，中央の貴族たちは武士の実力を知ることになりました。**そこで，朝廷や貴族は，武士を都の治安維持や身辺警護に起用するようになりました。摂津に土着した清和源氏の**源 満仲**と，その子の頼光・頼信兄弟は諸国の受領を務めて勢力を高めました。

とくに**頼信は，1028年に上総で発生した平忠常の乱を鎮圧し，源氏は東国に影響力をもつようになりました。一方で，桓武平氏も伊勢に進出しました。**こうして源氏・平氏は地方の武士団を組織し，大きな勢力になりました。

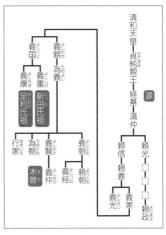

▼平氏系図（正盛まで）

▼源氏系図

武士が力を得た時期は，ちょうど藤原氏が大きな力をもっていた時期と重なりますね。

その通りです。源頼光・頼信は，藤原兼家や道長に接近し，武力だけでなく経済的な奉仕を行い，高い地位を得ました。

*1　武士は，武装・武芸で朝廷に仕える武官を示す言葉だった。
*2*3　それぞれ先祖である桓武天皇と清和天皇にちなんで桓武平氏・清和源氏と呼ばれる。

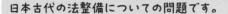

実際の共通テスト問題を見てみよう

日本古代の法整備についての問題です。

（2022年共通テスト日本史B本試）

高校生のリツさんは，日本古代の法は，中国の法にならって編纂されたことを教わった。そこで，先生の助言を受けて，日本古代の法整備の歴史と，中国の法典をもたらした遣隋使・遣唐使の派遣について，**年表**にまとめて整理してみた。この**年表**を読んで，後の問いに答えよ。

年表

世紀	日本の法典編纂と諸政策	遣隋使・遣唐使 （数字は西暦年）
6世紀		遣隋使（600）
7世紀	改新の詔 庚午年籍 冠位法度の事 ^(注) 飛鳥浄御原令 庚寅年籍	遣隋使（607～08） ～615まで数度の遣隋使 遣唐使（630～32） 遣唐使（653～54） ～669まで数度の遣唐使
8世紀	大宝律令 養老律令	遣唐使（702～07） 遣唐使（717～18） 遣唐使（733～36） 遣唐使（752～54） 遣唐使（777～78）
9世紀	弘仁格式 貞観格式	遣唐使（804～06） 遣唐使（838～40） 遣唐使中止の提言（894）
10世紀	延喜格式	

（注）冠位法度の事：近江令とみる説もある。

問 リツさんは，**年表**とこれまでの学習を踏まえ，日本古代の法整備についてまとめてみた。日本古代の法整備について述べた文として**誤っているもの**を，次の①〜④のうちから一つ選べ。

① 令は，隋や唐とは異なり，律よりも先行して整備された。

② 律令の編纂は，天皇の代替わりごとに行われた。

③ 法典としての格式の編纂は，大宝律令の編纂から100年以上遅れた。

④ 格式の編纂は，遣唐使が派遣されなくなった後にも行われた。

この問題，格式が編纂された年代を覚えていないと，解けないのではないでしょうか……？

年代を知っておくと③の判断はしやすくなりますが，細かい年代ではなく，前後関係を考えてみましょう。

日本古代の法整備について述べた文として，誤っているものを選ぶ問題です。

①は正文です。飛鳥浄御原〔あすかきよみはら〕"令〔りょう〕"が，大宝〔たいほう〕"律令〔りつりょう〕"より先に整備されていることを確認しましょう →P.128。

②について，律令の編纂は，天皇の代替わりごとに行われていたでしょうか？　これは，いったん保留しておきます。

③は正文です。弘仁格式〔こうにんきゃくしき〕は，嵯峨天皇の時代，9世紀の前半に編纂されています →P.133。701年に大宝律令が制定され，810年の平城太上天皇〔へいぜいだいじょうてんのう〕の変の前に嵯峨天皇が即位していることから，年代のおおまかな判断ができるとよいでしょう。

④も正文です。年表を見ると，延喜格式〔えんぎきゃくしき〕は遣唐使が派遣されなくなったあとに編纂されています。延喜格式は，延喜の治〔えんぎのち〕の醍醐天皇〔だいごてんのう〕の時代に出されています。

①・③・④が正文と判断できれば，②が誤文だと判断できます。

細かい年代や用語の暗記ではなく，重要な年代とそれをふまえたおおまかな流れや時代の把握から，文章の正誤判定ができるようになるとよいでしょう。

石器と考古学の方法に関する問題例です。

（2022年共通テスト日本史B追試）

次の文章は，「日本社会における戦士の歴史」をテーマに自由研究を進めていた高校生のかずこさんとたけしさんとの会話である。この文章を読み，後の問いに答えよ。

たけし：原始社会の狩猟民も戦士と言って良いなら，**図**の石器は，戦士の武器と言えるかな。

かずこ：精巧な作りだね。教科書で石槍の先とされているものと同じ形だけど，ずいぶん大きい。図の石器をめぐっては，いろいろ論争があるらしい。旧石器時代なのか縄文時代なのかという時代観をめぐる論争や，生活で使われた実用品か象徴的な儀礼品かという論争もあるそうだよ。

たけし：研究の進展によって，教科書の記述も変わることがあるみたい。姉さんの教科書とは，原始の箇所は，年代などの記述が変わっていて驚いたよ。

かずこ：弥生時代には，人間を殺傷する武器や，防御機能を持った環濠集落が出現しているから，戦いが始まり，戦士が誕生したと言えるよね。

たけし：中世以後に台頭する武士は戦士だと思うけど，武器を持つからといって必ずしも戦士と言うわけではないよね。

かずこ：豊臣秀吉は有名な法令で，「諸国百姓」から武器を没収する理由として，京都の方広寺に大仏を造立するとか言っているけど，百姓は農民を中心とするしね。

たけし：方広寺と言えば，徳川氏にも目をつけられて，同寺の鐘銘の表記が問題にされるんだけど，これも建前だと言われがちだよ。

かずこ：大仏造立という名目で，百姓から刀を取り上げたけど，江戸時代の農民は鳥獣駆除のために鉄砲は持っていたらしいね。

図 神子柴遺跡出土の石器

かずこさん・たけしさんのメモ

省略

・神子柴遺跡（長野県上伊那郡南箕輪村）出土
・全長25.1cm^(注1)
・約1万6000年前
・下呂石^(注2) 製
・神子柴遺跡からは他に黒曜石で作られた尖頭器や，石斧など大型の石器が，狭い空間からまとまって出土している。
（注1） 全長25.1cm：通常の尖頭器は，10cm前後である。
（注2） 下呂石：岐阜県地域で産出する石。

問 下線部に関して，次の文X・Yのような論争がある。考古学で用いられる方法について述べた後の文a〜dのうち，X・Yを考えるために有効と考えられるものの組合せとして最も有効なものを，後の①〜④のうちから一つ選べ。

X 遺跡の性格について，墳墓説，住居説，石器の集積所説などがある。
Y 石器の性格について，実用品なのか，儀礼品なのか議論がある。

a この石器の材質を分析して産出地を確定する。①
b この石器と一緒に出土した遺物を検討する。②
c この石器の科学的な年代測定を実施する。③
d この石器の形状や使用の痕跡を調査する。④

① X－a Y－c ② X－a Y－d
③ X－b Y－c ④ X－b Y－d

「考古学」の話は何か覚えたことあるのかな?

打製石器と磨製石器があるのは知っているけど……。

考古学で用いられる方法は勉強したことがないので，自信がありません。また，図が省略されてしまっていますが，解けるでしょうか？

石器や考古学についての知識がなくても，問題文をよく読めば解けますよ。図については，この問題は，図を見て答えを出すものではないので，解答は可能です。

　遺跡の性格と，石器の性格を考えるために有効と考えられる考古学の方法をそれぞれについて選び，その組合せとして最も適当なものを選ぶ問題です。

　4つの選択肢を確認すると，Xと組合せるのはaまたはb，Yと組合せるのはcまたはdです。このことを踏まえてX・Yを検討します。

4択のように見えて，実際は2択なんですね。

　まず，Xとaまたはbの組合せから見ていきましょう。
　Xの文では，「遺跡の性格について」の論争のことが述べられています。発掘された遺跡が墳墓（ふんぼ）なのか，住居なのか，石器の集積所なのかをどのように確定するのかという論争です。
　a・bの文を確認しましょう。
　aには，「①産出地を確定する」とあります。石器に使われた石がとれた場所を確定する方法が述べられていますので，遺跡の性格を考える方法ではないと判断します。その理由は石の原産地からその遺跡での用途を判断するのが難しいというものです。

　一方 b には，「石器と一緒に出土した遺物を検討する」とあります。たとえば，石器と一緒に人骨などが発見されれば，その遺跡は墳墓だと考えることができますね。**b の方法は遺跡の性格を特定するのに有効と考えられます。**

　よって，X との組合せとして適当なものは b と判断します。

　次に，Y と c または d の組合せを考えましょう。

　Y の文では，「石器の性格について」の論争のことが述べられています。石器を実用品として用いていたのか，儀礼品として用いていたのかをどのように確定するのかという論争です。

　c・d の文を確認します。

　c には「年代測定を実施する」とあり，出土した石器が旧石器時代のものなのか，縄文時代のものなのかなどを確定するための方法について述べられていて，石器の性格を考える方法ではなさそうです。

　d はどうでしょう。**d には「使用の痕跡を調査する」とあり，石器が実用品として使用されていたのか，それとも，儀礼品として使用されていたのかを確定する方法と判断できます。**よって，d は Y との組合せとして適当であると判断できます。

　したがって，解答は④　X − b　Y − d となります。

> このような問題では，問題文中の語句に注目して，正しい
> 組合せを選びましょう。

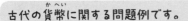

実際の共通テスト問題を見てみよう

古代の貨幣（か へい）に関する問題例です。

（2021年共通テスト日本史B本試〈第1日程〉）

高校の授業で「貨幣の歴史」をテーマに発表をすることになった咲也（さくや）さんと花さんは，事前学習のために博物館に行った。博物館での二人の会話やメモなどを読み，後の**問**に答えよ。

咲也：2024年には新しい紙幣と500円硬貨が発行されるけど，キャッシュレス化が進んでいるのに，今さら貨幣を発行する意味があるのかな。そもそも古代の銭貨は，何のために発行されたのか，すこし調べてみたよ。

咲也さんの**メモ**

古代の銭貨はなぜ発行されたのか？			
	7世紀後半　8世紀前半		10世紀半ば
銭貨発行	■富本銭	■和同開珎…複数回の銭貨発行あり…　…古代には，米や布・絹なども貨幣として通用している…	■古代最後の銭貨発行
都城造営	藤原京	平城京　　　長岡京　平安京	

まとめ
・唐の制度にならい，国家が銭貨を鋳造・発行した。
・銭貨の流通について，国家は自ら鋳造したものしか認めなかった。
・国家が発行した銭貨は，都城の造営をはじめ，様々な財政支出に用いられた。

花：なるほど，銭貨とともに米や布・絹などが貨幣として使われてきたのか。古代国家は，銭貨の使用を促す政策を出し，流通を図ったんだね。

咲也：でも展示をみると，材料となる銅の産出量が減って，銭貨は小さく粗悪になっているね。そうして国家の発行する銭貨に対する信用が失われて，発行は中止されたんだね。

花：あれ？　でもここに展示してあるのは鎌倉時代の市場の図だよ。銭貨を扱いやすく束ねた銭さしがみえるね。

咲也：中世の権力者はこうした銭貨の流通にどう対応していたんだろう。

問　咲也さんの**メモ**に基づく次の文**X・Y**と，それに最も深く関連する8世紀前半の法令**a～d**との組合せとして正しいものを，下の①～④のうちから一つ選べ。

X　国家は，自ら鋳造した銭貨しか流通を認めなかった。
Y　国家が発行した銭貨は，様々な財政支出に用いられた。

8世紀前半の法令（大意）

a　運脚らは銭貨を持参して，道中の食料を購入しなさい。
b　私に銭貨を鋳造する人は死刑とする。
c　従六位以下で，銭を10貫(注)以上蓄えた人には，位を一階進める。
d　禄の支給法を定める。（中略）五位には絁4匹，銭200文を支給する。

（注）　貫：銭の単位。1貫＝1000文。

① X－a　Y－c　　　② X－a　Y－d
③ X－b　Y－c　　　④ X－b　Y－d

貨幣の名前は覚えたけれども……。

貨幣に関する法令って何かあったかなあ？

この問題では，古代における貨幣と法令をテーマにとり上げています。

法令は難しいイメージがあります。貨幣に関する法令も覚えないといけないのでしょうか？

法令のことは覚えていなくても大丈夫です。Ｘ・Ｙの文とa〜dの文を比較検討して，関連性の高いものを選びましょう。

　古代の銭貨に関するメモに基づく２つの文について，最も深く関連する8世紀前半の法令をそれぞれ選び，その正しい組合せを選ぶ問題です。

　この問題も142ページの問題と同様，Ｘと組合せるのはaまたはb，Ｙと組合せるのはcまたはdです。

　では，Ｘから見ていきましょう。

　Ｘの文「国家は，自ら鋳造した銭貨しか流通を認めなかった」ということは，国家以外の個人や団体が銭貨を鋳造し流通させた場合，何らかの処罰が下される可能性があったと読み取れます。

　aの文を確認しましょう。aの文は，税を政府へ運搬する人夫（運脚）らに対して銭貨の使用を促していると読み取れます。

　メモにあるように「古代には，米や布・絹なども貨幣として通用して」いたので，銭貨の流通を促すために法令を出したのだと考えることができます。しかし，銭貨の鋳造については触れられていません。

　bの文を確認します。「私に銭貨を鋳造するものは死刑とする。」とあります冒頭の「私に」とは「私的に」という意味です。個人が私的に銭貨を鋳

造した場合は，死刑にされると述べられていて，**Xについては，bの文のほうがaの文より関連性が高いと判断します。**

では，Yの文の検討に移ります。

Yの文は，「様々な財政支出」について述べられていることに着目しましょう。

まず，cの文は，銭を一定額以上蓄えた官吏に対して位を1段階上げるという内容です。銭貨の流通との関連性は認められますが，財政支出との関連は少ないと判断します。

続いて，dの文を確認します。「禄の支給法を定める」「銭200文を支給する」とあります。「禄」とは官人に支給する給与のことなので，給与の一部を銭貨で支給するという内容です。よって，**dは財政支出との関連が深い**と考えられますので，**Yと最も深く関連するのはdと判断します。**

したがって，解答は④ **X－b　Y－d**に決まります。

ちなみに，cは711年に発出された蓄銭叙位令の内容です。701年の大宝律令の頃ですね →P.128 。708年に政府は和同開珎を作り，その流通のために発しました。

組合せを選ぶ問題では，それぞれの文の内容を表す語句に着目し，比較検討し解答を導き出すとよいでしょう。

第2章　中世　概説

キーワード （武家政権と公家政権）（荘園・公領制）（応仁の乱）

Q13 日本史の中世の特徴はなんですか？

A

- 中世は武家政権と公家政権が併存した時代。
- 荘園と公領が併存し，統一された土地支配が実行できなかった時代。

中世とは，一般的に院政期から平氏政権の成立を始まりとし，鎌倉政権・建武の新政・南北朝の動乱期・室町政権を経て，戦国時代の終焉まで約500年間の時代を指します。

　11世紀末に院政が始まると，平氏や源氏などの武士は，上皇や摂関家に仕えるなかで，地方の武士団を統合して，武力によって新しい政治体制が誕生するまでに勢力を拡大させました。そして，**封建的主従関係を基盤とする武家政権が成立**し，京都の**公家政権**の権限を吸収し，やがて武家政権が公家政権より優位に立つようになりました。

　この間，東アジアでは，南宋を滅ぼした元がユーラシア大陸の東西にまたがる大帝国をつくりました。しかし，14世紀後半には元を滅ぼして明が建国されます。朝鮮半島では，高麗に代わり朝鮮が建国されました。そして，**日本でも明や朝鮮との通交や貿易がさかんに行われました。**

　中世の土地支配は，古代末に成立した荘園・公領制*¹を基盤としています。

　荘園では荘園領主・地頭・農民の土地に関する権利が複雑に重なり合い，さまざまな紛争が発生しました。一方で，農業技術が発達し，余剰生産物も

生まれ，その売買を通じて諸産業や流通もさかんになりました。文化面でも，公家文化の影響を受けた新たな武家文化が現れました。

15世紀後半に起こった応仁の乱 →P.163 の後は，将軍や守護家は分裂し，**その権威は弱体化しました**。地方では，有力武士が中小の武士を配下とし，さらに力を強めた村を組織して，争うようになりました。**16世紀になると，独自に支配領域を形成して地域政権とも言える**戦国大名**が登場**しました。ヨーロッパ人がもたらした鉄砲は，戦国時代の日本に大きな影響を与え，16世紀末には統一政権が成立し，近世を迎えます。

公家政権と武家政権の2つの政権が存在し，荘園と公領が存在するなど，まるで日本は統一された国家ではないようですね。

そのとおりですね。中世は自力救済の時代とも呼ばれます。自力救済とは自分たちが直面した問題は，統一された権力に頼らず自分たちで解決をはかることです。守護の支配強化に対して結ばれた国人一揆などが知られています。

時代	1200	1250	1300	1350	1400	1450	1500	1550
時代	平安	鎌倉		南北朝	室町		戦国	
政治	院政	執権政治		南北朝の争乱	守護領国		群雄割拠	
文化	院政	鎌倉		南北朝	北山	東山		
北海道				アイヌ文化				
沖縄		グスク時代		三山時代			琉球王国	
主な出来事	平氏の滅亡／鎌倉幕府の成立	承久の乱	モンゴルの襲来	鎌倉幕府の滅亡／建武の新政／室町幕府の成立	南北朝の合体	琉球王国の成立／正長の徳政一揆	応仁の乱／コシャマインの蜂起	鉄砲の伝来

*1　貴族・寺社が支配する荘園と国司が支配する公領が並存する体制。

第2章　中世　院政と平氏政権

キーワード（白河上皇）（北面の武士）（保元の乱）（平治の乱）（平清盛）

Q14 院政と平氏政権の特徴はなんですか？

A
- 院政は，上皇が子や孫を天皇に即位させ，天皇家の家長として，法や慣例を無視して権力を行使。
- 平氏政権は，平氏が高位高官を独占し権力を行使。

摂関政治は天皇の外戚（母方の親戚）が政治の実権を握る政治体制でした。院政は天皇の父または祖父が政治の実権を握る政治体制です。

1068年，藤原氏を外戚としない後三条天皇が即位し，親政を開始しました。続く白河天皇は，1086年に退位して，幼い子や孫を皇位につけ，上皇（のち法皇）として政治を行いました。上皇は院*1として院庁を開きました。白河上皇は人事権を握り，中小貴族，僧侶，武士，財力のある国司（受領）などを，院近臣として重用しました。また，院の御所に直属の軍事力として，北面の武士を置き，源氏や平氏などの武士を登用しました。

院政では，院庁から出される文書の院庁下文や，院の命令を伝える院宣が国政全般に効力を及ぼすようになりました。院は法による秩序や慣例にこだわらず専制的に政治権力を行使し，白河上皇・鳥羽上皇・後白河上皇と約100年間，院が実権を握る時代が続きました。

上皇は厚く仏教を信仰し，出家して法皇となりました。その一方で，上皇の帰依を受けた大寺院は，多くの荘園を所有し，武装した僧侶を僧兵として組織しました。そして，国司や他の荘園領主と争い，朝廷に強訴を行うのに

対し，**朝廷は源氏や平氏の武士を登用して，警護や鎮圧にあたらせました。その結果，武士は中央政界に進出することとなりました。**

1156年，鳥羽法皇が死去すると，代わって院政を行おうとした崇徳上皇と弟の後白河天皇が争いました。これに摂関家の継承問題がからみ，双方が武士を招集し，**保元の乱**が発生し，平清盛と源義朝を味方につけた後白河天皇が勝利しました。**政治の争いが武士の力で決着したのです**[2]。続いて，院近臣と武家の棟梁である平清盛・源義朝の対立から**平治の乱**が発生しました。この戦いに勝利した平清盛は後白河上皇を軍事力で支えて昇進し，1167年には武士で初めての太政大臣となり，一族も高位高官にのぼり，平氏の勢いが非常に高まりました。

ひとこと

知行国

上級貴族に一国の支配権を与えて知行国主とし，収益を得させる制度です。この制度には，貴族の俸禄支給について，その実体がともなわなくなったため，貴族に収益を確保させる目的がありました。上皇自身が国の収益を握る院分国の制度も広まりました。

また，清盛は娘を天皇に嫁がせ，自分の孫にあたる安徳天皇を即位させ，天皇の外戚としてますます権力を強化しました。このように**平氏政権は摂関政治と似ており，貴族的な特徴を多くもつもの**でした。しかし，平氏から圧迫された貴族や武士から強い反発を受けることになりました。

 院政期は武士が政治の表面に立った時代ですよね。文化には影響を与えなかったのですか？

武士や庶民の登場する新しい文化が生まれました。民間の流行歌謡の今様を集めた『梁塵秘抄』や庶民の生活の様子が描かれた『今昔物語集』，『将門記』などの軍記物語が著されました。

*1　もともとは上皇の住居の意味で，のちに上皇自身を示す言葉になる。
*2　摂関家出身の僧慈円は，その著書『愚管抄』に「これ以後，武者の世になった」と記した。

第2章 中世　鎌倉幕府の成立

キーワード (御恩・奉公) (封建的主従関係) (守護・地頭) (公武二元的支配) (執権政治)

Q15 鎌倉幕府は，どのような特徴をもっていたのですか？

A
- 源頼朝が東国の武士を御家人として組織化。
- 当初は朝廷と幕府による公武二元的支配だったが，承久の乱後，合議制に基づく執権政治が確立。

　平氏一門の繁栄と平清盛の専制政治に対する不満が高まっていました。1180年，この情勢をみた源頼政は後白河法皇の子の以仁王を擁して，平氏打倒のための兵を挙げました。これをきっかけに各地の反平氏勢力が挙兵し，1185年に長門の壇の浦で平氏が滅びるまで，5年にわたる**治承・寿永の乱**が始まりました。

　反平氏勢力のうち，所領の支配権を強化・拡大しようとする東国の武士団の多くが，源頼朝のもとに集まりました。**頼朝は，武士の所領支配を保障する**本領安堵や戦功に応じ所領を与える**新恩給与**などの**御恩**により，**彼らと主従関係を結びました。頼朝の家来をとくに**御家人**と呼び，御家人は頼朝の御恩に報いるため，合戦への参戦や経済的な奉仕など**奉公**を行いました。

鎌倉時代になると**封建制度**という言葉を耳にしますが，封建制度とはなんですか？

貴族社会では見られない，土地の給与を通じたつながりを基礎にした，御恩と奉公からなる強固な主従関係を**封建的主従関係**と呼び，この関係を軸とする政治制度を封建制度と呼びます。

1185年，頼朝は諸国に守護を，荘園や公領には地頭を任命する権利を獲得して，武家政権としての鎌倉幕府*1が確立しました。鎌倉幕府は，中央に，御家人を統率する侍所，一般政務や財政事務をつかさどる政

ひとこと

守護と地頭

守護は主に有力御家人が原則的に各国に1人ずつ任命され，治安維持と警察権を行使する大犯三カ条などを任務としました。地頭は荘園や朝廷の支配地である公領ごとに，御家人から任命され，年貢の徴収や納入などを任務としました。

所（当初は公文所），裁判事務を担当する問注所を置きました。そして1192年，後白河法皇の死後，頼朝は征夷大将軍*2に任命されました。

一方，幕府の成立後も，朝廷は国司を任命して行政を統轄し，貴族や寺社が知行国主 →P.153 や荘園領主として，多くの土地や，御家人以外の武士を支配していました。このように，**幕府と朝廷による二元的な支配が行われていたのが，この時期の特徴です**。しかし，幕府が守護や地頭を通じて支配力を強めると，朝廷と幕府はしだいに対立を深め，1221年の承久の乱につながることとなります。

源頼朝の死後，その妻北条政子の父の北条時政が，政所の長官となり幕府の実権を握りました。執権と呼ばれた時政の地位は，子の義時に継がれました。義時は後に侍所の長官も兼ねるようになってその地位を強化し，執権は北条氏によって世襲されるようになりました。そして，**3代執権**北条泰時の**時代に，執権を中心に，執権の補佐役である連署と評定衆*3による合議制に基づいて，政治や裁判にあたる**執権政治**が確立しました。合議における判断の基準として，頼朝以来の先例と武家社会の慣習が重んじられ，泰時はこれらをまとめて御成敗式目を制定しました。

*1 「幕府」とは出征した将軍の陣営の意味だが，武家の首長が立てた政権を示すようになった。
*2 蝦夷を征討する将軍の意味。頼朝が任じられた後，武家政権の統率者を示すようになった。
*3 政務に長けた有力御家人などが任命された。

第**2**章 〈 中世　モンゴルの襲来と鎌倉幕府の衰退

キーワード 北条時宗 文永の役 弘安の役 得宗専制政治

Q16 モンゴルの襲来で，鎌倉幕府はどのように変化したのですか？

A

- 鎌倉幕府の支配権は拡大。
- 得宗と御内人による得宗専制政治が成立。

> 13世紀初め，チンギス＝ハンはモンゴルの遊牧民を統一し，中央アジアから南ロシアまで征服しました。その後継者たちはユーラシア大陸の東西に広がる大帝国をつくりました。チンギス＝ハンの孫にあたるフビライ＝ハンは国号を元とし，大都（北京）に都を移しました。

　フビライは朝鮮半島の高麗を服属させると，日本にも朝貢 →P.121 を求めてきました。8代執権の北条時宗がこの要求を拒否したため，1274年，高麗軍を加えた元軍が，対馬・壱岐を襲い，九州北部の博多湾岸に侵入しました。**幕府は九州の御家人を召集して応戦しましたが，元軍の集団戦法に対し，主に一騎打ち戦法をとる日本軍は苦戦しました。**

　しかし，予想以上の損害と，内部対立などで，元軍は撤退しました。この1回目の元軍の襲来を**文永の役**と呼びます。

　幕府は再度の襲来に備え，**博多湾岸などを御家人に警備させる異国警固番役を強化し，元軍の上陸を阻むため博多湾沿いに防塁（石築地）を築きました。**南宋を滅ぼした元は，1281年，大軍で再度九州北部に迫りましたが，防塁により上陸が阻まれ，その間に，暴風雨に襲われて敗退しました。この戦いを**弘安の役**と呼びます。

『蒙古襲来絵詞』を見ても，集団で戦う元軍に対して，日本の武士が1人で飛び込んでいますよね。誰が見ても不利なのになぜ御家人は一騎打ちで挑んだのですか？

戦いに参加することは奉公のひとつです。御家人は恩賞を獲得するためにも，手柄が明確になる一騎打ちを行う必要がありました。

　幕府はモンゴルの襲来に際し，将軍と主従関係のない荘園・公領の武士（非御家人）をも動員する権限を獲得しました。また，地頭が置かれていなかった荘園・公領からも物資を徴発できるようになり，幕府は西国一帯に支配を強化していきました。

　幕府の支配権が全国的に拡大していくと，北条氏は幕府の要職を独占するなど権力をさらに強化しました。とくに北条氏の嫡流の当主である**得宗**[*1]の力が強くなりました。それとともに得宗の家臣である**御内人**の力も強くなり，**得宗と御内人が幕府を主導する**得宗専制政治**が成立し，執権・連署・評定衆による合議制は形式化しました。**一方で，モンゴル襲来のための出費などにより，御家人のなかには困窮し，幕府に不満をもつ者も現れました。

　朝廷では，13世紀後半に天皇家が**持明院統**と**大覚寺統**[*2]に分かれ，対立するようになりました。両統は，幕府を味方につけようと働きかけたため，朝廷に対する幕府の影響力は増大しました。その後，この状況に不満をもった**後醍醐天皇**は幕府打倒を画策するようになりました。

---

*1　北条義時→泰時→経時→時頼→時宗→貞時→高時の順で継承された。
*2　後嵯峨天皇の皇子の，後深草天皇の系統を持明院統，亀山天皇の系統を大覚寺統と呼ぶ。

第2章　中世　室町幕府の成立

キーワード　足利尊氏　南北朝の動乱　守護大名　足利義満　南北朝の合一

Q17 室町幕府（むろまちばくふ）は，鎌倉幕府とどう違うのですか？

A

- 室町幕府は，将軍を頂点とする有力守護大名（しゅごだいみょう）の連合政権。
- 室町幕府の財政は，貨幣（かへい）収入が中心。

1333年，鎌倉幕府が滅亡し，後醍醐（ごだいご）天皇が建武（けんむ）の新政を始めました。しかし，武士社会の慣習を無視したり倒幕に活躍した武士に対する恩賞が不十分などの理由で，彼らの不満が高まります。そして，足利尊氏（あしかがたかうじ）が新政権に反旗をひるがえしました。

1336年，**足利尊氏**は京都を制圧し，持明院統（じみょういんとう）の光明（こうみょう）天皇を即位させ，武家政権を再建するための指針として**建武式目**（けんむしきもく）を発表し，ここに**室町幕府**が成立しました。後醍醐天皇はこれに対し，吉野（よしの）に拠点を移し皇位の正統性を主張しました。こうして約60年にわたり，吉野の南朝（**大覚寺統**（だいかくじとう））と京都の北朝（持明院統）が対立する南北朝の動乱が始まりました。

足利尊氏の発表した建武式目は，鎌倉幕府が制定した御成敗式目（ごせいばいしきもく）→P.155と違いがあるのですか？

御成敗式目は守護や地頭の職務や所領相続の規定などを定めた法典です。建武式目は尊氏の諮問（しもん）に応えて施政方針を示したものです。室町幕府も基本の法典としては御成敗式目を継承しました。

1338年，尊氏は北朝から征夷大将軍（せいいたいしょうぐん）に任じられました。室町幕府では，尊氏が軍事面や恩賞面を，弟の足利直義（ただよし）が司法面や行政面を担当しました。しかし，直義が朝廷・寺社と協調する政策をとったため，新興の武士たちの

反発を招きました。やがて，この対立が幕府勢力を二分する観応の擾乱へと発展し，直義の敗死後も戦乱が続き，尊氏派，旧直義派，南朝勢力の3者の対立が長く続きました。戦乱の長期化のなかで，地方武士を統轄する守護の役割が大きくなり，幕府から守護に任命された国全体の支配権を確立する者も現れました。このように権限を強めた守護を鎌倉時代の守護と区別して守護大名と呼びます。そして，守護の地位はしだいに世襲的なものになっていきます。

1392年には，3代将軍足利義満の仲介で，南北朝の合体が実現し，南北朝の動乱はようやく終結しました。この義満の頃には，幕府の機構も整い，将軍を補佐し，政務を統轄する管領は，三管領[*1]と呼ばれた3氏の有力守護から選ばれ，京都内外の警備や刑事裁判をつかさどる侍所の長官（所司）は，四職[*2]と呼ばれた4氏の有力守護から選ばれました。これらの有力守護は京都にいて幕政の運営にあたり，任国の統治は守護代が担いました。将軍や執権が大きな権力を握った鎌倉時代とは異なり，室町幕府は将軍と有力守護大名の連合政権という性格が強いのです。守護の任免権は将軍にありますので，将軍の権威が失墜すると守護大名の権威も落ちるのです。

幕府の財政は政所が担いました。幕府の収入源としては御料所と呼ばれた直轄地からの収入，段銭・棟別銭（田の面積，家の建物への税），関所で徴収した関銭があった他，金融業（高利貸し）を営む酒屋や土倉への課税によるものがありました。また，日明貿易→P.160の利益も幕府の財源となりました。

武士の力が強い東国ではなく，なぜ，京都に幕府を開いたのでしょうか？

その理由はさまざまですが，わかりやすいのは，幕府の財政基盤が貨幣収入に依存している面が強いからです。当時，日本で一番，商業が発達していた京都に幕府が開かれました。

*1*2　三管領とは足利一門の細川・斯波・畠山の3氏，四職とは赤松・一色・山名・京極の4氏。

第2章　中世　室町幕府の外交

キーワード 倭寇 勘合貿易 寧波の乱 対馬の宗氏 三浦の乱

Q18 室町時代の中国や朝鮮との関係はどのようなものだったのですか？

A
- 中国（明）とは国交を樹立し，勘合を使用する朝貢貿易を展開。
- 朝鮮とも国交を樹立し，三浦で貿易を行う。

9世紀末に遣唐使が停止されて以来，日本は中国王朝の宋・元・明，朝鮮の高麗などと外交関係を構築しませんでした。しかし，中国・朝鮮との通交はさかんで，商人や僧侶が往来していました。

南北朝の動乱の頃，**倭寇**と呼ばれる海賊集団が対馬・壱岐・肥前松浦を拠点に朝鮮半島や中国大陸の沿岸を襲撃し，恐れられていました。1368年，中国で**朱元璋（太祖洪武帝）**が元を滅ぼして**明**を建国しました。**明は中国を中心とした国際秩序の**再興のため，近隣の国に通交を求めました。日本にも倭寇の取り締まりと通交を要求し，**足利義満**はこの要求に応じて，1401年，明に使者を遣わして国交を開きました。

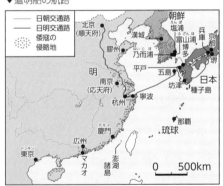

▼遣明船の航路

明との貿易は，国王が明の皇帝へ朝貢 →P.121 し，返礼品を受け取る**朝貢貿易**の形式でした。また，明の皇帝から国王の称号をもらう必要がありました。

足利義満も「日本国王」の称号を得て，明との貿易を開始しました。遣明船は，正式な貿易船だと証明する勘合と呼ばれる証票の持参が必要でした。このため日明間の貿易は勘合貿易とも呼ばれます。**朝貢形式の貿易では，運搬費や滞在費を明が負担し，明の皇帝から与えられた返礼品の価値も高かったため，日本は非常に大きな利益を得ました**[*1]。明から大量に輸入された明銭（銅銭）は，日本の流通経済に多くの影響を与えました。

15世紀後半，幕府が衰退すると，博多商人と結んだ大内氏と，堺商人と結んだ細川氏に貿易の実権が移りました。両者は激しく争い，1523年に明が外国船の入港を認めていた寧波で衝突しました（寧波の乱）。**この乱に勝利した大内氏がこの後勘合貿易を独占しましたが，16世紀半ばに大内氏が滅亡して貿易は途絶え**，これ以降，倭寇が再び活発になりました。

朝鮮半島では，高麗末期に倭寇の撃退で名をあげた李成桂が，1392年，朝鮮を建国しました。明と同様に，朝鮮も倭寇の取り締まりと通交を日本に求め，足利義満はこの要求に応じ，両国の国交が開かれました。**朝鮮は，日本船の入港地を制限して**[*2]，**対馬の守護である宗氏を通して貿易を統制しました**。朝鮮から大量に輸入された木綿は，日本人の生活に多くの影響を与えました。しかし，この貿易も，1510年の三浦の乱以降，しだいに衰退しました。

中世の日本は，中国・朝鮮以外の地域とは交流をもたなかったのですか？

琉球の貿易船が来航しました。琉球王国は日本・中国・朝鮮・東南アジアをつなぐ中継貿易で栄えました。蝦夷ヶ島のアイヌとも交易を行いましたが，和人（本土の日本人）がアイヌを圧迫したため，大首長コシャマインを中心とする激しい抵抗が起こりました。

*1　明からは明銭の他に生糸や陶磁器が輸入され，日本からは銅・硫黄や刀剣が輸出された。
*2　富山浦・乃而浦・塩浦の3港（三浦）に設置された倭館で貿易が行われた。

第2章 ▷ **中世　室町幕府の衰退と庶民の台頭**

キーワード （惣(惣村)）（徳政一揆）（応仁の乱）（国一揆）（一向一揆）

Q19 室町時代に一揆や下剋上の風潮が広がったのはなぜですか？

A

- 自治組織の惣（惣村）が土台となり一揆を結成したから。
- 応仁の乱などにより将軍の権威が失墜し，将軍から任命される守護大名の権威も失墜したから。

中世は自力救済（自分たちのことは自分たちで解決する）の時代とも呼ばれます。一揆とは「はかりごとを一にする」ということで，共通の目的に向かって団結して行動することです。

鎌倉時代後期，荘園や公領の内部に自治組織である**惣（惣村）**が生まれました。惣村の結合の中核となったのは村の神社の祭礼を行う宮座です。惣村は，寄合を開いて惣掟を定め，おとな・沙汰人と呼ばれる指導者たちによって運営されました。そして，**農業の共同作業や戦乱に対する自衛を通して，結束を強めた村民たちは，不法を行う代官・荘官の罷免や年貢の軽減などを求めて一揆を結びました。**

1428年，元将軍の足利義持が亡くなると，農民が都市民衆らとともに**正長の徳政一揆**を起こし，京都の酒屋や土倉などを襲撃して，実力で貸借の書面などを奪い，支配階級層に衝撃を与えました。

ひとこと

徳政令

中世の日本では，天皇や将軍の代がわりがあると，貸借関係が消滅し，借金のために失った土地や品物などが元の持ち主に戻るべきだという考え方がありました。15世紀になると，こうした考え方に基づいて，農民らが団結して土一揆を起こし，幕府に**徳政令**（負債の破棄）の要求をするようになりました。

1441年，嘉吉の変*¹で6代将軍足利義教が暗殺された直後には，「代始め」の徳政を要求する嘉吉の徳政一揆が起こり，幕府は要求を受け入れて徳政令を出しました。この後，幕府は負債額の10分の1を手数料として納めることと引き換えに債務の破棄を認める徳政令を乱発するようになりました。

室町幕府の財政基盤が貨幣収入だったので，京都に幕府を開いたと習いました →P.159 。手数料を徴収して徳政令を発布することは幕府にプラスだったのですね？

目先の利益を考えれば，そうとも言えますね。しかし，ちょっと考えてみましょう。室町幕府は京都の高利貸である土倉・酒屋から土倉役・酒屋役を徴収していました。つまり，土倉・酒屋を保護する必要があったはずです。徳政令は彼らに打撃を与えることにもなったわけです。

下の者が上の者の権限を奪ったり，その地位に就いたりする風潮を下剋上と言います。応仁の乱前後からこの風潮が強まり，戦国時代が幕を開けました。

将軍家や管領家の後継争いを原因とする応仁の乱は，京都を主戦場とする戦乱でした。将軍の権威は失墜し，また，守護大名が京都で戦うなか，領国では守護代や国人*²が力を伸ばし，実権を守護大名から奪っていきました。この頃，戦乱から自らを守るための国一揆や，浄土真宗（一向宗）の信者を中心にした一向一揆が結成される場合もありました。1485年に起こった山城の国一揆は，8年間にわたり一揆による自治支配を実現させ，1488年に起こった加賀の一向一揆は，約1世紀にわたる自治支配を実現させました。

---

*1 播磨などの守護であった赤松満祐が，強権的な政治を行っていた義教を暗殺した事件。
*2 鎌倉時代の地頭などが領主化した中小武士のこと。国人同士が結束して国人一揆を結成し，守護の支配に対抗する場合もあった。

第2章　中世　中世の文化

キーワード　念仏　題目　坐禅　軍記物語　「和風」

Q20 鎌倉文化と室町文化の違いはなんですか？

A
- 鎌倉時代は，救済を求める庶民の欲求に応えて，鎌倉仏教が生まれた。
- 室町時代は，禅宗の影響を受け日本風文化が誕生した。

鎌倉時代は，伝統的な公家文化が継承されつつ，新しい武家文化が創造された時代です。さらに僧侶や商人によってもたらされた宋の文化が摂取されました。

　相次ぐ戦乱や飢饉に苦しんだ人々の信仰への欲求に応えたのが新しい**鎌倉仏教**です。まず，平安時代に流行が始まった浄土教→P.137から**法然**が登場しました。法然は，一心に**念仏**（南無阿弥陀仏）を唱えれば，阿弥陀仏の極楽浄土に往生できるとする専修念仏を説いて，**浄土宗**の開祖とされました。次いで，法然の弟子の**親鸞**は，阿弥陀仏の救いを信じる心を強調する**悪人正機**を説き，地方武士などの信仰を受け，**浄土真宗**（一向宗）と呼ばれる教団が作られました。鎌倉時代中期には，**一遍**が**時宗**を開いて，諸国を遊行しながら**踊念仏**を通じて教えを広めました。

　モンゴルの襲来の頃に活躍した**日蓮**は，天台宗の根本経典である法華経にすがって**題目**（南無妙法蓮華経）を唱えることで救済がもたらされるという**法華宗**（日蓮宗）を開きました。

　平安時代末期に宋に渡った**栄西**は，**坐禅**を組んで精神統一をはかり，悟り

を開く臨済宗を伝えました。また，道元も宋に渡り，悟りを開くために坐禅を重視する曹洞宗を伝えました。

　文学や学問の世界でも，新しい動きが始まりました。平氏の興亡を描いた軍記物語の『平家物語』は中世文学を代表する作品で，琵琶法師によって語り伝えられました。貴族の間では，戦乱によって失われる文化を惜しみ，これを保存しようとする気運が高まり，朝廷の儀式や先例を研究する有職故実がさかんになりました。また，金沢文庫に見られるように，武士の間にも学問を尊重する気運が生まれました。

室町時代は，公家文化と武家文化の融合，大陸文化と伝統文化の融合が進みます。そして，日本の伝統文化とされる能・狂言・茶の湯・生け花などの基礎が作られました。今日，私たちが「和風」*1 と表現する雰囲気が生まれた時代です。

　仏教では，室町幕府の保護を受けた臨済宗が栄えました。文学では，南北朝の動乱を反映して，『太平記』などの軍記物語が描かれ，南朝の正統性を主張する史論書である『神皇正統記』も著されました。鎌倉時代の貴族社会を回顧する歴史物語である『増鏡』も書かれました。また，本来は禅宗の絵画であった水墨画は，日本の風景を描く山水画へと発展しました。他に，足利学校が再興されるなど地方へ文化が広がりました。

臨済宗と曹洞宗は，どちらも坐禅によって悟りを開くとされ，違いがよくわからないのですが？

臨済宗は，坐禅のなかで師から提示された公案というテーマを解決して悟るもので，武家政権に保護されました。曹洞宗はひたすら坐禅を行う只管打坐によって悟るもので，政治権力との結びつきを排除しようとしました。

*1　今日，和室と呼んでいる畳や障子を使った建築は室町時代に始まった書院造が起源。

実際の共通テスト問題を見てみよう

平安時代末から鎌倉時代の都市と地方との関係についての問題です。

(2021年共通テスト日本史B本試〈第1日程〉)

問　平安時代末から鎌倉時代の都市と地方との関係について述べた文として**誤って**いるものを，次の①～④のうちから一つ選べ。

① 伊勢平氏は，伊勢・伊賀を地盤にし，京都でも武士として活躍した。
② 禅文化が東国へも広まり，鎌倉には壮大な六勝寺が造営された。
③ 白河上皇は，熊野詣をしばしば行った。
④ 鎌倉幕府の御家人は，奉公のために京都や鎌倉に赴いた。

都市と地方とか，あんまりその視点で考えたことがないんですが……。

この問題では，そこは難しく考えなくてよいので，正誤判定する文章を見ていきましょう。

伊勢平氏とか六勝寺とか熊野詣とか，学校の授業で学習したような記憶はあるんですが……。

実はこの本で扱っていない用語の内容を含んでいる問題です。用語を知らなければ，解けなくても仕方ありません。

　平安時代末から鎌倉時代の都市と地方との関係について述べた文として，誤っているものを選ぶ問題です。

　①は正文です。伊勢に進出した伊勢平氏 →P.139 から，平 清盛が現れて，太政大臣にまで登ります。

　②について，禅宗が伝わったのは鎌倉時代で鎌倉にも禅宗寺院が建てられています。ですが，「六勝寺」は，院政期に京都に建てられた6つの大寺院です。時代が違うので，誤文となります。

　③は正文です。六勝寺の建立にも関わりますが，院政期の上皇たちは，仏教を厚く信仰しており →P.152，紀伊に熊野詣や高野詣を行いました。

　④も正文です。鎌倉幕府の御家人は，奉公として，軍事的な奉仕と経済的な奉仕を行いました →P.154。軍事的な奉仕に，内裏などの警護を行う京都大番役や，鎌倉の御所を警護する鎌倉番役がありました。

　したがって，②が誤文になります。

知識が足りず解けなかったかもしれませんが，この本で説明した内容と，知らなかった用語がつながることを理解してほしい問題です。知らなかった用語を，大きな流れのなかに位置づける感覚を覚えてください。

実際の共通テスト問題を見てみよう

中世の遺跡に関する問題例です。

（2022年共通テスト日本史B本試）

問　中世の遺跡を示した次の文X・Yと，その場所を示した後の地図上の位置a〜
　　dとの組合せとして正しいものを，後の①〜④のうちから一つ選べ。

X　**❶**和人を館主とする館の跡で，越前焼と珠洲焼の大甕に入った 37 万枚余りの銅
　　銭が発見された。

Y　沖合の海底の沈没船から**❷**元軍や高麗軍が使用したてつはうや矢束，刀剣，冑の
　　ほか，陶磁器や漆製品が発見された。

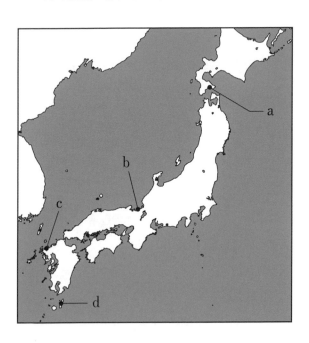

① X－a　Y－c　　　② X－a　Y－d

③ X－b　Y－c　　　④ X－b　Y－d

中世の遺跡って何か習ったっけ？

地図上の位置も覚えていないよ……。

地図の問題は苦手です……。

このような地図と場所を問う問題も共通テストでは出題されます。まずは，X・Yの文をていねいに読み解くようにしましょう。

　中世の遺跡を示した2つの文について，その場所を示した地図上の位置をそれぞれ選び，その組合せを選ぶ問題です。選択肢を見ると，Xはa，bから，Yはc，dから選べばよいことがわかりますね。

　では，Xから見ていきましょう。

　解答の4つの選択肢から，Xの地図上の位置はaまたはbから選択します。

　Xの文には，「越前焼と珠洲焼」の語句があり，越前は現在の福井県と知っていると，Xの位置はbと考えてしまいそうです。珠洲は能登半島の先端にある地域であり，比較的近いことからなおさらです。

　しかし，Xの文の冒頭には，❶「和人を館主とする館の跡」とあり，まさに遺跡のことを示していますので，この語句を検討する必要があります。

　「和人を館主とする館」とは，東北地方から北海道南部にかけて和人が築いた小規模な砦のことを言います。室町時代には北海道南端の渡島半島に12の和人の館が築かれ，「道南十二館」と呼ばれました。

　「道南十二館」は15世紀中頃に起こったコシャマインの蜂起によりほとんどが攻め落とされました。このうち，志苔館の跡地からXの文にある多数の銅銭が発見されました。

　よって，Xの位置はaとわかります。

「道南十二館」や志苔館は学校の授業で習ったかもしれません……。

　ここまでの細かな知識がなくても，**「和人」は蝦夷地に移り住んだ本土の日本人の呼称**→P.161であると知っていれば，判断できますね。

　続いて，Yを確認しましょう。Yはcまたはdからの選択になります。

　Yの文には，❷「元軍や高麗軍が使用したてつはうや矢束，刀剣，冑」などが発見されたとあることから，13世紀末に起こったモンゴル襲来（元寇）に関する遺跡であることがわかります。

　モンゴルは高麗を服属させて朝鮮半島を出発して対馬，壱岐を襲い，博多湾岸など九州北部に来襲しました。鎌倉幕府軍は，モンゴル軍が使用した「てつはう」と呼ばれる武器などに苦戦しながらもよく戦い，撃退しました→P.156。

　よって，Yの位置はcと判断します。

　dの種子島は鉄砲が伝来した場所で，モンゴル軍の来襲経路ではありません。

　したがって，解答は①　X－a　Y－cとなります。

歴史上の出来事は起こった場所を合わせて，教科書などで確認しておくと，このような問題に対処しやすくなります。

撰銭令に関する問題例です。

（2023年共通テスト日本史B本試）

問　次の**史料1**は1500年に室町幕府が京都で発布した撰銭令である。また，後の**史料2**は1485年に大内氏が山口で発布し，1500年においても有効だった撰銭令である。**史料1・2**によって分かることに関して述べた後の文　**a〜d**について，最も適当なものの組合せを，後の①〜④のうちから一つ選べ。

史料1

　商売人等による撰銭の事について

　近年，自分勝手に撰銭を行っていることはまったくもってけしからんことである。日本で偽造された私鋳銭については，厳密にこれを選別して排除しなさい。永楽銭・洪武銭・宣徳銭は取引に使用しなさい。

（『建武以来追加』大意）

史料2

　利息付きの貸借や売買の際の銭の事について

　永楽銭・宣徳銭については選別して排除してはならない。さかい銭（注1）・洪武銭・うちひらめ（注2）の三種類のみを選んで排除しなさい。

（『大内氏掟書』大意）

（注1）　さかい銭：私鋳銭の一種。
（注2）　うちひらめ：私鋳銭の一種。

a　使用禁止の対象とされた銭の種類が一致していることから，大内氏は室町幕府の規制に従っていたことが分かる。

b　使用禁止の対象とされた銭の種類が一致していないことから，大内氏は室町幕府の規制に従ってはいなかったことが分かる。

c　永楽通宝は京都と山口でともに好んで受け取ってもらえ，市中での需要が高かったことが分かる。

d　永楽通宝は京都と山口でともに好んで受け取ってもらえず，市中での需要が低かったことが分かる。

① a・c　　　　② a・d　　　　③ b・c　　　　④ b・d

史科問題は正答に自信がもてなくて時間がかかるよね。

しかもこれは史料が2つあるし，内容も難しそう……。

室町時代の経済史からの出題です。

撰銭令の撰銭って，言葉を見ると，銭を選ぶということだと思うのですが，詳しくはわかりません。

撰銭令について詳しくは知らなくてもこの問題は解けますよ。史料や問題文を正しく読み取り，正誤を判断しましょう。

　撰銭令に関する2つの史料から読み取れることを2つ選び，その組合せを選ぶ問題です。選択肢の組合せを見ると，a・bのどちらが正文で，c・dのどちらが正文かを選べばいいと考えます。

　順に見ていきましょう。
　a・bの文を読み比べると，違いは「使用禁止の対象とされた銭の種類」が一致しているか，一致していないかです。
　この点について**史料1・2**を確認します。
　史料1では，❶「永楽銭・洪武銭・宣徳銭は取引に使用しなさい」とあります。一方，**史料2**には，❷「永楽銭・宣徳銭については選別して排除してはならない」とあり，そのあとに，❸洪武銭（を含む3種類のみ）を排除するよう命じています。
　つまり，**史料1の室町幕府は，洪武銭の使用を促している**のに対して，**史料2の大内氏は，洪武銭を排除するよう求めています。**
　室町幕府と大内氏では，「使用禁止の対象とされた銭の種類が一致していない」ので，**aは誤り，bは正しい**とわかります。

続いて **c・d** の文を確認します。

この２つの文の違いは，京都と山口において，永楽通宝（永楽銭）の需要が高かったか，低かったかです。

史料１の京都では，すでに見たように「永楽銭・洪武銭・宣徳銭は取引に使用しなさい」とあり，永楽銭の使用を促していると読み取れます。

史料２の山口においても「永楽銭・宣徳銭については選別して排除してはならない」とあり，排除せず使用するよう促していると考えられます。

京都でも山口でもこのような撰銭令が出されるということは，永楽通宝が「京都と山口でともに好んで受け取ってもらえず，市中での需要が低かった」からだと考えられます。

よって，**cは誤り，dが正しい**と判断します。

したがって，解答は**④ b・d**と決定します。

ここで，撰銭令について確認しておきましょう。撰銭とは，商取引などにおいて，価値の低い悪銭を受け取らず，良銭（中国の官鋳銭）を求めた行為のことを言います。撰銭が行われると貨幣の流通が滞り，経済に混乱を起こすため，撰銭を規制する撰銭令が出されました。

この問題のように，法令について問われる問題は，法令が出される時代背景についての理解も重要です。明から輸入された銭貨が日本の流通経済に大きな影響を与えたことはこの本でも学習しました →P.161 。

第3章　近世　概説

キーワード (幕藩体制) (太閤検地) (村請制) (鎖国体制)

Q 21

日本史の近世の特徴はなんですか？

A

- 領主身分を固定化した幕藩体制が成立した時代。
- 新たな土地制度と石高制が確立し，荘園・公領制は消滅。

近世とは，一般的にヨーロッパ人の来航を始まりとし，織豊政権・江戸幕府の成立・ペリー来航と幕藩体制が解体する直前までの約300年間の時代を指します。

織田信長・豊臣秀吉・徳川家康により全国統一が成し遂げられました。17世紀に入り，領主身分を固定化した**幕藩体制** →P.182 が成立し，新たな政治秩序が登場し，公家政権と武家政権が併存する時代は終わりました。**太閤検地** →P.179 により，新たな土地制度と**石高制**が確立し，古代末以来の荘園・公領制は消滅しました。さらに兵農分離と身分の固定化が確立し，武士・農民・町人などの家は永続できるようになりました。

兵農分離と身分は，具体的にどのような政策によって固定したのでしょうか？

太閤検地によって，実際の耕作者が検地帳に登録され，移動の自由を奪われて身分が固定化されました。また刀狩によって農民は武器の所持が禁止されて兵農分離が確立しました。

全国に点在した6万を超える**村**は，幕藩領主層による支配の単位であると同時に，**共同体として百姓の生活と生産を維持する場**となりました。年貢量

は村高を基準に決定され，その納入は村が請け負う村請制 →P.183 に見られるように自治的に運営されました。

　江戸幕府は，17世紀半ばまでに，キリスト教を禁止し，制限的な対外関係を確立させ，いわゆる鎖国体制 →P.185 が成立しました。また，武断政治によって確立した秩序は，次第に法と制度や儀礼が整備された文治政治による支配へ転換することになり，長い天下泰平の時代をつくりだしました。持続する平和と幕藩領主層の都市集住は，城下町などの都市を発展させました。

　当初の幕藩体制下の法と制度では，発展した近世社会の現実にそぐわない面が出てきました。そこで制度の手直しが試みられ享保の改革が行われました。また，18世紀後半以降，**貨幣経済が農村に浸透し，農民の階層分化が起こり**，さらに，列強の接近による危機の発生が加わるなかで寛政の改革と天保の改革が行われましたが，成功したとは言えない結果に終わりました。そして**欧米諸国による外圧が強まり，幕府では適切な対応策をとれず，代わって形式的な君主であった天皇の権威が次第に高まりました。**

	1550	1600	1650	1700	1750	1800	1850
時代	戦国 室町	安土 桃山	江戸				
政治	織豊政権	幕藩体制成立			幕政改革		内憂外患
文化	桃山	寛永	元禄		宝暦・天明	化政	
北海道		蝦夷地					
沖縄		琉球王国					
主な出来事	鉄砲の伝来／キリスト教の伝来／室町幕府の滅亡	豊臣秀吉の全国統一／文禄・慶長の役／江戸幕府の成立／島津氏の琉球征服	鎖国体制の完成／シャクシャインの蜂起	正徳の政治／享保の改革／田沼政治	寛政の改革／ラクスマンの根室来航	異国船打払令／天保の改革	

第3章 近世 織豊政権

キーワード （堺の直轄）（楽市・楽座）（関白）（蔵入地）

Q22 織田信長と豊臣秀吉の政策の特徴はなんですか？

A

- 織田信長は，楽市・楽座など商業を重視する政策。
- 豊臣秀吉は，強大な軍事力と経済力に加えて，天皇・朝廷の伝統的権威を利用。

応仁の乱後，室町幕府は山城一国のみを勢力範囲としてかろうじて存続していました。これを滅ぼして，全国統一に乗り出したのが，織田信長とそれに続いた豊臣秀吉です。この2人が築いた政権を織豊政権と呼びます。

尾張の織田信長は，1560年，**桶狭間の戦い**で駿河の今川義元を破り，その後，隣国の美濃に進出して，肥沃な濃尾平野を支配しました*1。そして，**足利義昭**を奉じて京都に上り，義昭を15代将軍としました。やがて，信長と義昭は対立するようになり，1573年，信長は義昭を追放し室町幕府を滅ぼしました。続いて**長篠の戦い**で甲斐の武田氏を破り，近江に**安土城**を築いて，全国統一の拠点としました。そして長年対立していた**石山本願寺**を屈服させ，畿内全域をほぼ支配下におきましたが，1582年，家臣の明智光秀の裏切りにあい，**本能寺の変**で敗死しました。

信長は，農業政策に重点を置いた戦国大名とは異なり，商業の発達に力を注いだ政策をとりました。自治都市として繁栄した貿易港の**堺**を直轄地とし，安土城下では商工業者に自由な営業を認める**楽市・楽座**を実行しました。また，円滑な商品流通のために関所を撤廃しました。

　信長の家臣であった羽柴秀吉は，山崎の戦いで明智光秀を破り，信長の後継者として全国統一に乗り出しました。そして，石山本願寺の跡地に**大坂城**を築いてその拠点としました。一方で1585年には**朝廷から関白に任じられ，翌年には太政大臣となり，豊臣の姓を与えられるなど，朝廷の伝統的な権威を利用しました**[2]。そして，天皇の命令だとして，全国の戦国大名に私戦を禁止することを命じました。この命令に従わなかった九州の島津氏を降伏させ，小田原の北条氏を滅ぼし，東北地方の諸大名を支配下において，秀吉の全国統一は完成しました。

　秀吉の統一事業を支えたのは，朝廷の権威や軍事力だけでなく，強大な経済力でもありました。豊臣政権の経済基盤として，近畿地方を中心に広大な直轄地である**蔵入地**を確保しました。直轄地には，大坂・京都・堺・長崎などの重要都市や相川（佐渡）・大森（石見）・生野（但馬）などの金山や銀山もありました。これらの経済力を背景に，**天正大判**などの貨幣を鋳造しました。

豊臣秀吉の政策として，太閤検地[3]と刀狩が有名ですよね。近世の日本にどのような影響を与えたのですか？

太閤検地では，土地測量の基準を統一し，田畑などの等級を定め，それに基づいて石高を決定し，大名に対しては，これを基準に軍役を課しました。また，1区画ごとに1人の耕作者を検地帳に登録する**一地一作人の原則**をとり，年貢納入を確定する江戸時代の**本百姓体制** →P.183 の構造につながりました。さらに農民に武器の所持を禁止する**刀狩**を命じ，武力をもち軍役を果たす武士と，年貢の納入を義務づけられた農民が区別される**兵農分離**が確立しました。

*1　信長は天下を武力で統一する意図を表す「天下布武」の印章を使用するようになった。
*2　秀吉の屋敷である聚楽第に後陽成天皇を迎え，諸大名に天皇と秀吉への忠誠を誓わせた。
*3　戦国大名は，その地の領主から自己申告させ，土地収納高を把握する指出検地を実施した。

第3章　近世　江戸幕府の成立

キーワード 　関ヶ原の戦い　武断政治　慶安の変　文治政治　正徳の治

Q23 江戸幕府の政治はどのように変化したのですか？

A

- 17世紀半ばまでは，強圧的な武断政治を展開。
- 慶安の変を契機に，儒学や学問を重視する文治政治に転換。

　豊臣秀吉の死後，最大の大名であった徳川家康が天下の実権を握りました。そして，豊臣政権の存続に危機感をいだいた石田三成と家康の対立が表面化し，1600年，関ヶ原の戦いで家康が率いる東軍と三成を中心とする西軍が衝突し，家康が勝利しました。**天下の覇権を確立した家康は，1603年，征夷大将軍となり，江戸に幕府を開きました。** これを江戸幕府と呼び，明治維新までの260年余りを江戸時代と言います。

　徳川家康は日本国の代表者として，東南アジアの諸国・諸地域に修好を求める外交文書を送りました。また，**全国の大名に国絵図・郷帳[*1]の作成を命じ，家康が全国を支配していると示しました。** その後，1605年に子の徳川秀忠を2代将軍とし，将軍職は徳川氏が世襲することを示します。そして，**1615年，豊臣氏を滅ぼし，ここに戦国時代以来の戦乱が完全に終わりました。**

　2代将軍秀忠と3代将軍徳川家光の時代には，幕府の統治組織 →P.182 の整備が進む一方，武家諸法度違反や末期養子の禁[*2]を理由に，多くの大名が改易（領地の没収）などの処分を受けました。**家康・秀忠・家光は幕藩体制を確立させ，大名に対して強圧的な態度で臨む武断政治を実行しました。**

1651年，3代将軍家光が死去し，幼少の徳川家綱が4代将軍になりました。その頃，**大名の改易で発生した牢人（主家を失った武士）の不満が高まっており，軍学者の由井正雪が，これを利用し幕府の転覆をはかる慶安の変を起こしました。これを機に，幕府は牢人の発生を防ぐため末期養子の禁を緩和し，改易を減らそうとしました。この頃から幕府政治は，武力だけに頼らず，儒教思想や学問などを尊重する文治政治へ転換しました。**

▼徳川氏系図

※尾張・紀伊・水戸家を三家，田安・一橋・清水家を三卿と呼び，将軍を出すことができる家柄に位置付けられた。

1680年，**徳川綱吉**が5代将軍になりました。綱吉は学問を好み，孔子を祀る**湯島聖堂**を建てる一方で，仏教思想の影響を受け，生類の殺生を戒める極端な動物愛護令である**生類憐みの令**を出しました。このようにして，**武力を第一と考える戦国時代以来の価値観を転換させようとしました。**

1709年，徳川家宣が6代将軍となり，朱子学者の**新井白石**を登用して政治を主導させました。白石は引き続き7代将軍家継の時代でも政治にあたり，幕府の儀式の制度を整えて将軍の権威を高めようとしました。この**新井白石を中心とする政治は，文治政治の典型とされ，正徳の治**と呼ばれています。

武家諸法度で重視されていた「**文武弓馬の道**」は文治政治に合わないと思うのですが，武家諸法度は改定されなかったのですか？

5代将軍綱吉が発した武家諸法度（**天和令**）では，第1条の文頭は「**文武忠孝を励し**」に改定されました。ここにも武断政治から文治政治への転換を見ることができますね。この天和令は8代将軍徳川吉宗以降，代々の将軍に継承されます。

*1 石高を郡・村単位で集計し，さらに一国単位にまとめた台帳。
*2 跡継ぎのいない大名が死ぬ直前（末期）に養子をとることは禁止されていた。

第3章 近世 江戸幕府の支配

キーワード 幕藩体制 武家諸法度 禁中並公家諸法度 本百姓 村請制

Q24 江戸幕府の全国支配の特徴はなんですか？

A

- 武家諸法度や禁中並公家諸法度を発し大名や朝廷を統制。
- 田畑永代売買の禁止令や分地制限令で百姓を統制。

統一政権としての幕府と独立した藩によって土地と人民を支配する仕組みを幕藩体制と呼びます。幕藩体制を支えたのは検地帳に登録され年貢納入の義務を負った本百姓です。

　将軍と主従関係を結び，1万石以上の領知[*1]をもつ武士を**大名**と呼び，徳川氏の一門を親藩，関ヶ原の戦い以前から徳川氏に仕えていた家を譜代，関ヶ原の戦い前後に従った家を外様に区分します。

　1615年，幕府は大名に対して居城以外の城の破却を命じる**一国一城令**を出しました。次いで**武家諸法度**を出し，城の新築や無断修理を禁止することなどを定めました。大名が武家諸法度に違反したり，跡継ぎの子がいなかったりした場合は，改易・減封・転封（国替）などの厳しい処分を受けました。1635年，3代将軍**徳川家光**は武家諸法度を改定し，大名に領地から江戸までの定期的な参勤を命じる**参勤交代**の制度が加えられました。

　江戸幕府の政治機構は，政務を取りまとめる**老中**[*2]，老中を補佐する**若年寄**，寺院・神社を統制する**寺社奉行**，江戸の市政を担う**町奉行**，幕府の財政を担う**勘定奉行**の他，大名を監察する**大目付**や将軍の直属の家臣である旗本・御家人を監察する**目付**が設置されました。

幕府は天皇や朝廷も統制しました。1615年，**禁中並公家諸法度**を制定し，朝廷を運営する基準とし，**京都所司代**を設置して朝廷を監視させました。**朝廷は領地も少なく，政治的な権力を失いましたが，伝統的な権威は保ち続けることになりました。**

寺院や神社に対する統制も強められました。幕府は，まず**寺院法度**を発し，宗派ごとに本山が末寺を統制する**本末制度**を確立させました。また，人々が寺院の檀家であることを証明する**寺請制度**を設けて，**寺院は人民支配の末端機関に位置づけられました。**

近世の社会を形作る中心となるのは村と百姓です。 村は幕藩領主（将軍・大名）が人々を統治する際の基礎的な単位です。百姓には検地帳に登録された本百姓と農地をもたない**水呑百姓**などの階層がありました。

村は，本百姓のなかから選ばれた**名主・組頭・百姓代**からなる村役人（村方三役）によって運営され，百姓は数戸ずつ**五人組**に編成され，年貢納入などに連帯責任を負っていました。幕府や藩の財政を支えたのは，百姓が納入する年貢です。また，百姓はさまざまな夫役を負担しました。年貢や夫役は村を単位として課す**村請制**がとられました。そして**田畑永代売買の禁止令**や**分割相続を制限する分地制限令**など，本百姓の没落を防止する法令が出されました。

幕藩体制を支えたのが本百姓体制ということは，もし本百姓体制が動揺すると，幕藩体制の崩壊につながる可能性がありますね。

よいことに気づきましたね。これから学習する幕府政治の改革において，本百姓体制の動揺を防ぐ政策がとられることとなります。

*1 領地から年貢を徴収する権利を知行といい，将軍から大名に与えた知行を領知と呼ぶ。
*2 臨時の最高職として大老が任命される場合もあった。

第3章　**近世　江戸幕府の外交**

キーワード　朱印船貿易　長崎出島　鎖国　己酉約条

Q25 江戸時代の海外との関係はどうだったのですか？

A
- 初期は，朱印船貿易など海外進出がさかん。
- 長崎でオランダ・中国と交易を行う。
- 朝鮮・琉球・蝦夷ヶ島のアイヌとも交流をもつ。

　16世紀末より，ヨーロッパではポルトガル・スペインに続いて**オランダ・イギリス**が勢力をのばし，東アジアにおける貿易への参入を目指していました。1600年にオランダ船が豊後に漂着し，その後，オランダ・イギリスは平戸に東インド会社の支店である商館を設置し，両国との交易が始まりました。また，**ポルトガルは中国産の生糸の輸入を独占して莫大な利益をあげていたので，独占を打破するため幕府は生糸の購入価格を決めて一括輸入する**糸割符制度を始めました。

　江戸時代初期は，日本人の海外進出もさかんで，幕府の発行する海外渡航許可状である朱印状を携えた朱印船が東南アジア各地に渡り，さかんに貿易を行いました。この貿易を**朱印船貿易**と呼びます。

　幕藩体制が確立すると，**幕府は，キリスト教の禁教や貿易の利益の独占をするために，日本人の海外渡航や貿易を制限するようになりました。**まず，中国船をのぞいた外国船の入港を平戸と長崎に制限し，ついでスペイン船の来航を禁止しました。1630年代に入ると渡航制限が本格的に始まりました。まず**奉書船**[*1]以外の海外渡航を禁止し，ついで日本人の海外渡航と海外にいる日本人の帰国を禁止しました。そして島原の乱を鎮圧した後，**ポルトガ**

ル船の来航を禁止し，1641年，平戸にあったオランダ商館を長崎の<u>出島</u>に移し，<u>鎖国</u>の状態になりました。幕府は長崎を窓口に，ヨーロッパからの輸入品を独占し，オランダ商館長が提出した<u>オランダ風説書</u>で，海外情報を知りました。

ひとこと

鎖国

オランダ商館の医師であったドイツ人ケンペルの著書『日本誌』の1章を1801年に元オランダ通詞（通訳）の志筑忠雄が翻訳し，日本の状態を「鎖国」と表現しました。これ以後，鎖国という用語が使用されるようになります。

　1609年，朝鮮とは宗氏とのあいだに<u>己酉約条</u>を結び，対馬を窓口に朝鮮との交易も始まりました。そして，朝鮮からは<u>朝鮮通信使</u>と呼ばれる使節が来日しました。

　琉球は1609年に薩摩藩に征服され，その支配下に入りましたが，中国との<u>朝貢</u>貿易を継続させました。つまり**琉球は日中両属の状態に置かれることとなりました。**そして，琉球から国王の代がわりごとに<u>謝恩使</u>が，新将軍の就任時に<u>慶賀使</u>と呼ばれる使節が来日しました。

　蝦夷ヶ島のアイヌとの交易は<u>松前藩</u>が独占しましたが，しだいにアイヌ集団と松前藩は対立するようになり，アイヌの首長**シャクシャイン**の抵抗が起きました。こうして幕府は長崎・対馬・薩摩・松前を通して交流をもつことになりました[2]。

鎖国の目的のひとつにキリスト教の禁止があったことはわかりましたが，具体的に禁教政策はどのように実施されたのですか？

幕府は1612年に直轄領に禁教令を発し，翌1613年にはそれを全国に拡大，この後，宣教師やキリスト教信者に処刑や国外追放など厳しい迫害を行いました。さらに絵踏や宗門改めを実施しました。

[1]　朱印状に加えて，老中奉書という許可状を得た海外渡航船のこと。

[2]　東アジアには中国中心の外交体制と日本中心の外交秩序が併存することとなった。

第3章　近世　江戸時代の経済の発展

キーワード　新田開発　金肥　寛永通宝　三都　南海路

Q26 経済の発展はどのように江戸時代の社会を変えたのですか？

A
- 農業技術の発達が，家族単位の小農経営を支える。
- 貨幣制度が整備されて商品流通が発達した。
- 商品流通を支える全国交通網が整備された。

　幕府や藩は，財政の安定をはかるため，新田開発を奨励しました。戦国時代以来の築城などで発達した土木技術を利用して，大規模な開発が行われました。その結果，**耕地面積は飛躍的に増加し，それにともない石高も上昇しました。**

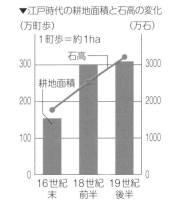

▼江戸時代の耕地面積と石高の変化

1町歩＝約1ha

　一方で，近世の農業は，**1組の夫婦を中心とする小さな家族単位で，狭い耕地に労働力を集中して，面積当たりの収穫量を増やそうとしました。**そこで，人力を効率的に利用するため，深く耕すことができる備中鍬や揚水具として1人で扱うことができる踏車，脱穀の効率を飛躍的に高めた千歯扱などの新しい農具が発明され，普及しました。そして，新しい技術を紹介する宮崎安貞の『農業全書』など，多くの農書が著されました。また，**都市の発達や生活の向上による需要の高まりを受けて，綿花や菜種などの商品作物の栽培もさかんに**なり，干鰯など金銭で購入する金肥が使用されました[*1]。

幕府は，金座や銀座を設立し，小判などの金貨や丁銀などの銀貨を鋳造しました。銭貨では寛永通宝が大量に鋳造されて，永楽通宝などの中国銭は使用されなくなりました。このような**貨幣制度の整備に支えられて，江戸時代の商品流通は発展することになりました。**

当時，三都と呼ばれた江戸・大坂・京都は，各地の城下町とともに幕藩体制を支えました。江戸は江戸城を中心とする政治都市であるとともに，人口100万人を抱える最大の消費都市でした。**関東地方の商品生産量では江戸の需要をまかなうことができず，生活物資を大坂からの「下り物」に依存していました。**大坂は，年貢米を現金化する必要から蔵物と呼ばれた諸藩の年貢米や産物が集まり，「天下の台所」と呼ばれた商業都市でした。京都は，西陣織・友禅染など高度な技術をもつ伝統工芸の中心都市でした。

これらの都市をつなぐ，海上交通網や陸上交通網が全国規模で整備されます。東北地方と大坂・江戸をつなぐ西廻り航路や東廻り航路が開発されました。**大坂と江戸をつなぐ南海路は，菱垣廻船や樽廻船など定期船が就航し，商品流通の大動脈となりました。**陸上交通では，大名の参勤交代や貢納物の輸送のために，幕府は，江戸と京都を結ぶ東海道などの五街道[2]を整備し，街道には2里から3里ごとに宿場（宿駅）が置かれました。また，幕府の公用の書状を送る継飛脚や民間の町飛脚などの通信機関も発達しました。

各地の大名は，どうしてわざわざ運送費をかけてまで，年貢米などを大坂に送ったのですか？

各大名の領地内だけでは市場規模が小さいため，藩の費用をまかなうだけの現金を入手できなかったのです。そこで，大坂の堂島米市場を通じて全国市場で売買しようとしたわけです。

[1]　稲作など穀物の栽培には，刈敷や草木灰などの自給肥料が使用されていた。
[2]　東海道の他，中山道・甲州道中・日光道中・奥州道中を五街道と呼んだ。

第3章 近世 近世の文化1

キーワード 城郭建築 朱子学 霊廟建築

Q27 近世前半の文化の特徴はなんですか？

A
- 桃山文化は大名などの気風を反映した豪壮な文化。
- 寛永期の文化は桃山文化を継承した文化。
- 元禄文化は幕政安定を背景に学問が発達した文化。

近世前半の文化とは，信長・秀吉時代を中心とする桃山文化，幕藩体制成立期の寛永期の文化，幕藩体制が安定した文治政治期の元禄文化のことです。

桃山文化の担い手は，富と権力を握った新興の大名や海外貿易で巨富をえた豪商です。仏教の影響が薄れた一方，**大名や豪商の気風を反映した豪壮・華麗な内容が好まれました**。また，来日したキリスト教宣教師との接触により**南蛮文化**も流入しました。

桃山文化の象徴は，**姫路城**などに代表される**城郭建築**です。重層の天守閣を中心に，堀をめぐらし，巨大な石垣が築かれました。城郭には，書院造の様式を取り入れた豪華な御殿が建てられ，その内部の襖や屏風には，金地に青や緑の色彩が用いられた**濃絵の障壁画**が描かれました。

寛永期（江戸時代初期）の文化は，**桃山文化を継承し，元禄文化への過渡期となる特徴があります**。学問では，室町時代に五山の禅僧が学んだ**朱子学**などの儒学がさかんになりました。朱子学は，藤原惺窩や林羅山によって広められ，**君臣・父子の別をわきまえ，身分秩序を重視する学問であったため，**

幕府や藩に歓迎され，幕藩体制を支える思想となりました。

　建築では，日光東照宮をはじめ華麗な装飾をもつ霊廟建築が流行しました。また，桂離宮に代表されるように書院造に茶室を取り入れた数寄屋造の建物が作られました。文芸面では，教訓・道徳を内容とする仮名草子や，室町時代にさかんとなった連歌から独立した俳諧が現れ，**元禄文化において発達する民衆文芸の基盤が生まれました。**

　元禄文化は，経済がめざましく発展した上方（京都・大坂）を中心とした，新興町人などを新たな担い手とする文化です。鎖国の状態となったことで外国からの影響が減少し，日本の独特の文化が発達しました。また，**儒学だけでなく，天文学など実用的な学問が発展しました。**

　儒学では朱子学が重視され，林羅山の孫の林鳳岡（信篤）以後，林家は代々の大学頭となり，幕府の文教政策に関わりました。儒学のひとつである古文辞学者の荻生徂徠は，統治の具体策である経世論を説きました。また，渋川春海（安井算哲）は，天体観測によって従来の暦の修正を行いました。

　文芸面では，井原西鶴が仮名草子を発展させ，現実の世相を描く浮世草子を著しました。近松門左衛門は現実の社会や歴史を題材として，人形浄瑠璃の脚本を著し，松尾芭蕉は蕉風（正風）俳諧を確立しました。

古文辞学者の荻生徂徠は経世論を説いたそうですが，経世論とはなんですか？

経世論とは，経世済民（世のなかを治め，人民の苦しみを救うこと）の具体的政策のことです。荻生徂徠は８代将軍徳川吉宗に登用され，現実の諸問題を解決するための具体的政策を提言しました。

第3章　近世　享保の改革

キーワード（米価安・諸色高）（倹約令）（上げ米）（足高の制）

Q28 どうして享保の改革が必要だったのですか？

A

- 商品需要が拡大し諸物価が高騰し，幕府や藩は財政難に陥っていたから。
- 「米価安・諸色高」からの脱却をはかろうとしたから。

　17世紀後半以降，商品経済が発展し，社会は大きく変化しました。商品作物の栽培は価格の変動の影響を受けやすく，農業経営に失敗して土地を失う本百姓も現れました。**幕藩体制は本百姓体制を基盤としていたため**→P.182，**幕藩領主は，本百姓から安定的に年貢米を得ることが困難になりました。**

　また，都市で商品需要が拡大したことで諸物価が上昇し，幕府や藩の出費はどんどん増えました。それに対し，新田開発などにより，生産量の増大した米価は他の商品に比べてそれほど上昇しなかったのです。このような状況を「米価安・諸色（さまざまな品物）高」と呼びます。**幕府や藩は年貢米を売ってものを購入していたので，財政はさらに悪化することになりました。**

　幕府は，金銀鉱山の産出量が減少したため収入が減少していました。その一方で，明暦の大火（1657年）後の江戸の町の復興費用や5代将軍徳川綱吉時代の放漫財政によって，支出が増大していました。

　1716年，7代将軍徳川家継が幼くして死去し，徳川本家の血筋が絶えると，三家のひとつ紀伊家の徳川吉宗が8代将軍に迎えられました→P.181。

　吉宗は，綱吉・家宣・家継と3代にわたった側近の側用人による政治を廃止し，幕府のもともとの政治のあり方である譜代大名を重視する老中政治に戻そうとしました。それとともに，有能な人材を登用し，武芸を奨励するなど，幕府政治の改革を行いました。これを**享保の改革**と呼びます。

　吉宗の直面した当面の課題は，財政難の克服でした。そこで，吉宗は**倹約令**を出して支出を減少させる一方で，諸大名の江戸滞在期間を半減する代わりに，石高1万石につき米100石を上納させる**上げ米**を実施しました。また，**年貢を定率にする定免法**[*1]を採用して年貢率の引き上げをはかりました。そのうえで，米価を安定させるため，大坂の堂島米市場を公認して，米の取引に介入しました。米価の調整につとめたため，吉宗は「米公方」と呼ばれます。

　さらに吉宗は，役職ごとに基準の石高を定め，在任中のみ役人の家禄との差額を支給する**足高の制**を採用し，財政に負担をかけずに人材の登用ができるようにしました。また，**目安箱**を設置して，投書された意見に基づき**小石川養生所**を設立するなど，庶民の意見を政治に反映させました。

　吉宗の改革は，幕府の財政再建には成果を出しましたが，本百姓体制の動揺を抑えられず，緊縮財政と増税により諸階層の不満を招きました。また，飢饉が発生したため江戸で初めて**打ちこわし**が発生しました。

農業経営に失敗し土地を手放した本百姓がいるようですが，田畑永代売買の禁止令があるのに土地を手放せたのですか？

「永代売買禁止」とは農地の権利が移ることを禁止するということです。借金を返せず土地を手放す質流れは黙認されていたのです。

---

*1　毎年の作柄を調査して年貢率を決定する検見法に代わり，定率の定免法を採用した。

第**3**章 近世　田沼時代・寛政の改革・天保の改革

キーワード 田沼意次 天明の飢饉 松平定信 天保の飢饉 水野忠邦

Q29 どうして寛政の改革・天保の改革が必要だったのですか？

A

- 寛政の改革は，天明の飢饉による農村の復興と江戸の都市対策のために実施された。
- 天保の改革は，「内憂外患」に対応するため実施された。

　18世紀後半，10代将軍徳川家治の時代に政治の実権を握ったのは，老中の**田沼意次**でした。**意次は，年貢による収入には限界があるとみて，商人の経済力を利用することで幕府の財政を立て直そうとしました。**しかし，特権や地位を得ようとする商人・武士らによって，賄賂が公然と行われたことや，士風の退廃を招いたことで人々の批判を浴びました。そして，**天明の飢饉**が発生し，社会不安が高まるなかで意次は失脚しました。

　11代将軍徳川家斉が就任した直後，江戸や大坂で大規模な打ちこわし（**天明の打ちこわし**）が発生しました。家斉の補佐として老中に就いたのが，吉宗の孫で白河藩主の**松平定信**でした。定信は，吉宗の時代を理想とする寛政の改革を始めました。定信は華美な生活をおさえるために倹約令を出すとともに，退廃した士風を刷新するために，文武両道を奨励しました。

　当時，関東地方では天明の飢饉によって，多くの農民が村を捨てて江戸に流入していました。そのため，**農村は荒廃し，流入した下層民などにより江戸の治安が悪化していました。**そこで，定信は，**旧里帰農令**を出して，江戸に流入した農民の帰郷を促し，**農業人口を確保して本百姓体制の再建をはか**

ろうとしました。江戸市中でも町費の節約分の7割を積み立てさせ，災害や飢饉に備える七分積金を設けました。また，江戸の石川島に人足寄場を設立し，江戸に流入したが生業をもたない下層民を収容して職業訓練などを行いました。しかし，倹約を強制し小説などの出版物や風俗を厳しく取り締まった定信の改革は人々の反感を招き，家斉と対立したこともあって定信は失脚しました。

　18世紀後半，欧米ではアメリカ独立戦争，フランス革命 →P.40 が起こり，ロシアもシベリア開発に意欲をもち始め，世界情勢は近代に向けて動き出しました。このような情勢のなか，18世紀後半から19世紀前半にかけてロシア船・イギリス船・アメリカ船が相次いで日本近海に出没するようになりました*1。

　一方，**日本では，農村に貨幣経済が浸透して，有力農民が富裕化し，下層農民が没落する階層分化が進展していました。さらに**天保の飢饉**が起こり，各地で百姓一揆や打ちこわしが頻発しました。**

　百姓一揆の頻発などの「**内憂**」，外国船の接近の「**外患**」に対応するため，老中水野忠邦が天保の改革に着手しました。まず，江戸に流入した農民に帰郷を強制する人返しの法を出しました。また，**幕府の権力の強化や対外防備，年貢増収のために，江戸・大坂周辺を幕府の直轄領とする**上知令**を出しまし**たが，領主の抵抗にあい撤回し，忠邦は失脚しました。

> いよいよ世界情勢に影響を受ける時代が始まったのですね。日本はどのように対応したのですか？

> アヘン戦争での清国の敗戦が伝わると，外国船に食料や燃料を与える薪水給与令を出しましたが，外国人の上陸を絶対認めず，鎖国する方針は維持しました。

*1　ロシア使節ラクスマン・レザノフが来航し，イギリス船フェートン号が長崎に侵入し，アメリカ船モリソン号も来航した。

第3章 近世　近世の文化（宝暦・天明期の文化，化政文化）

キーワード 『解体新書』 藩校 寺子屋 復古神道 適々斎塾

Q30 近世後半の文化の特徴はなんですか？

A

- 宝暦・天明期の文化は，幅広い階層が担い手の文化。
- 化政文化は，経済発展が著しい江戸を中心とする町人文化。

近世後半の文化は，18世紀後半の田沼時代の宝暦・天明期の文化と，19世紀前半の大御所時代の化政文化（文化・文政期）に分けられます。この2つの文化の間には言論と風俗を厳しく規制した寛政の改革がありました。

　宝暦・天明期の文化では，18世紀半ばに商品経済が発達したことにより，都市に住む富裕な町人以外にも，下層の町人や下級の武士，中堅の農民なども文化の担い手になりました。

　学問の分野では，徳川吉宗が漢訳洋書の輸入制限を緩和し，オランダ語の研究を命じたことを機に，まず洋学として**蘭学**が発達しました[*1]。実学としての医学で，洋学は発展しました。西洋医学の解剖書を訳した『**解体新書**』をきっかけとして，さまざまな分野に広がりました。

　教育の分野では，多くの藩が藩士や子弟を教育するために**藩校（藩学）**を設立しました。庶民の教育機関としては，**都市・農村を問わず数多くの寺子屋がつくられ，識字率の向上に大きな役割を果たしました。また，それにより小説など多様な出版物が民衆に受け入れられることになりました。**

　化政文化の背景には江戸をはじめとする都市の繁栄があります。**都市の民衆に基づく町人文化が栄えました。**教育や出版の普及，全国的な身分を超えた文化人の交流，交通の発達などにより，多種多様な文化が全国各地に広まりました。

　学問・思想の分野では，藩の財政難を克服するためには，殖産興業を重視すべきだと主張した海保青陵のような経世論→P.189者の活動が活発になりました。また，本居宣長が大成した国学では，のちに平田篤胤による復古神道がさかんになり，幕末の尊王攘夷運動に影響を及ぼしました。一方，洋学の研究は，幕府からの弾圧などがあって，幕府の対外政策などを批判する思想[2]とはならず，**幕末期には，兵学・医学・地理学などの科学技術を中心とする実学として，幕府や藩に導入されていきました。**

　教育の分野では，多くの私塾が設立されました。蘭学塾としてはオランダ商館の医師であったシーボルトが長崎郊外に鳴滝塾を開き，高野長英などを育てました。緒方洪庵が大坂に開いた適々斎塾（適塾）からは，福沢諭吉や大村益次郎など明治維新期に活躍する人物が出ました。

宝暦・天明期の文化と化政文化の特徴はわかりましたが，桃山文化・寛永期の文化・元禄文化との違いはなんですか？

江戸時代前半の文化は，経済が発展していた上方を中心に，豪商や新興町人を担い手とする文化でした。それに対し，江戸時代後半の文化は，江戸を中心に幅広い階層を担い手とする文化です。

*1　幕末に英語などによる知識の導入がはじまると，蘭学を含めて洋学と呼ぶようになった。
*2　モリソン号事件を批判した洋学者の高野長英や渡辺崋山が弾圧された蛮社の獄が知られる。

江戸時代の対外関係についての問題です。

(2021年共通テスト日本史B本試〈第1日程〉)

問 江戸幕府の様々な儀礼は政治行為であり，大名を対象とするだけではなく，対外的な儀礼も含まれている。江戸時代の対外関係について述べた文として正しいものを，次の①〜④のうちから一つ選べ。

① 将軍は，新たに就任すると朝鮮へ通信使を派遣した。
② オランダは，オランダ風説書で日本の情報を世界に伝えた。
③ 謝恩使は，琉球国王の代替わりに際して，幕府に派遣された。
④ アメリカとの緊張が高まると，幕府は松前奉行を設置した。

よく似た用語がいくつかあって，ちょっと混乱しそうです。

通信使，オランダ風説書，謝恩使の用語は，覚えがあるのですが，……うーん，どれも正しい文章に見えます……。

用語が間違っているのではなく，説明が間違っている正誤判定問題です。

江戸時代の対外関係について述べた文として，正しいものを選ぶ問題です。

　①は誤文です。将軍が通信使を「朝鮮へ」「派遣した」が誤りです。通信使は，朝鮮から派遣された使者です →P.185 。

　②は誤文です。オランダがオランダ風説書で「日本の情報を世界に伝えた」が誤りです，オランダ風説書は，オランダ商館長が幕府に提出して，幕府が世界の情報を知ったものです →P.185 。

　③は正文です。琉球国王の代替わりごとに幕府に派遣された使者が謝恩使，将軍の代替わりごとに幕府に派遣された使者が慶賀使です →P.185 。

　④は誤文です。「アメリカとの緊張が高ま」って「松前奉行を設置した」が誤りです。アメリカではなくロシアとの緊張が高まったため，幕府は松前藩から蝦夷地を取り上げて，松前奉行を設置しました。

　したがって，③が正文です。

「朝鮮通信使」，「オランダ風説書」，「松前奉行」という用語の内容について，正確な理解が必要な問題です。学習の際，単純に用語だけを丸暗記で覚えるのではなく，内容を理解しておくことを意識しましょう。

実際の共通テスト問題を見てみよう

江戸時代における交通の発達に関する問題例です。

（2023年共通テスト日本史B本試）

次の文章は，日本史の授業を受けている高校生のナツさんとアキさんが，江戸時代における人々の結びつきについて話し合った際の会話である。この文章を読み，後の問いに答えよ。

ナツ：江戸時代の武士たちの結びつきってどんなものだったのかな？

アキ：例えば彦根藩士や対馬藩士は，自分たちを「井伊掃部頭家中」「宗対馬守家中」と称しているよね。

ナツ：同じ主君に仕える家臣たちは，主君の家の一員とみなされ，一体感があったようだね。庶民はどうだったのかな？

アキ：人口の大半を占める百姓たちは，日頃は村で過ごして，村や地域の中で深い結びつきをもっていたんじゃないかな。

ナツ：電車やインターネットもない時代だから，遠くにいる人との結びつきは限られていただろうね。

アキ：でも，17世紀前半に，　ア　ことなどによって，江戸と全国を結ぶ陸上交通が発達したんだよね。

ナツ：17世紀中頃までには，　イ　ために，水上交通も発達したんだね。

アキ：特に都市では商人や職人が仲間・組合をつくるようになり，幕府も物価統制などにそれを活用したことも知られているね。

ナツ：町内のつながりや商人・職人の仲間以外にも，都市では緩やかな結びつきがあったんじゃないかな。文化的な結びつきも広がっていったみたいだね。

アキ：水上交通といえば，船が漂流して，外国に漂着することもあったみたい。近隣諸国との間で，漂流した人を送り返すことも行われていたようだよ。海外ともいろいろな形で結びついていたことが分かるね。

問　次の文a～dのうち，会話文中の空欄　ア　イ　に入る文の組合せとして
最も適当なものを，後の①～④のうちから一つ選べ。

a　諸大名が江戸に屋敷をかまえ国元との間を往来するようになった

b　交通の障害となる箱根の関や新居の関といった関所が廃止された

c　御蔭参りなどに出かける多くの旅客を運ぶ

d　年貢米や材木など大量の物資を運ぶ

① ア－a　イ－c　　　② ア－a　イ－d
③ ア－b　イ－c　　　④ ア－b　イ－d

穴埋め問題で単語
でなくて文章を選ぶ
んですね。

江戸時代の交通に
ついて，五街道と
かは習ったけども
……。

江戸時代に交通が発達したのは知っているけど，細かな知識まではちょっと……。

この問題は，江戸時代の交通の発達についての細かな知識がなくても政治史などの知識を活用して解くことができます。

　江戸時代の交通の発達についての会話文中の，2つの空欄に入る最も適当な文をそれぞれ選び，その組合せを答える問題です。

　空欄　ア　には，17世紀前半の江戸と全国を結ぶ陸上交通の発達に関する文が入ります。解答の選択肢から**a**または**b**が入るとわかるので，この2つを確認しましょう。

　まず，**a**の文は，参勤交代のことを述べていると考えられます。**大名たちは江戸と国元に1年交代で住むことを強制されたため，江戸と国元の間を往来する必要がありました。**

　江戸幕府は全国を支配するために，江戸と京都・大坂を結ぶ東海道や中山道などの五街道のほか主要な道路を整備したので，陸上交通が発達しました→ P.187。

　以上のことから**a**は，　ア　に入る文として適当と考えられます。

　bの文についても確認しましょう。**幕府は江戸を守るために関所を設置し，通行手形の提示を求めるなどして人の出入りを監視しました。**

　「入鉄砲に出女」という言葉があります。幕府は関所で鉄砲が入ってくることと女性が出ていくことを厳しく取り締まったという言葉です。警戒をゆるめていなかったんですね。

とくに「出女」を厳しく取り締まった箱根の関のほかに，新居の関[2]などで監視が厳しかったことから，bは誤文です。

よって，**空欄 ア に入る文として適当なものはaと判断します。**

次に空欄 イ に入る文として，c・dを確認します。

空欄 イ には，17世紀中頃までの水上交通の発達に関する文が入ります。

cの「御蔭参り」[3]とは，伊勢神宮への参詣のことです。室町時代から民衆の間で行事のようになり，江戸時代に発達しました。しかし，御蔭参りがさかんになったことが水上交通の発達を促したかどうかは定かではありません。

御蔭参りについて知識がない場合，cの文では「旅客を運ぶ」ことが水上交通の発達につながったと述べていることに注意しましょう。

続いて，dを確認します。

年貢米や材木などの大量の物資は，陸路を使うより大型の船に載せて運んだほうが効率的です。江戸が消費地として発展すると，上方の品物を江戸へ運ぶため，大坂と江戸を結ぶ南海路が開かれました。また，東北地方などの年貢米を運搬するため，東廻り航路や西廻り航路が開かれました →P.187 。

よって， イ に入る文としては，旅客を運ぶcより，物資を運ぶdが適当と考えられます。

したがって，**解答は② ア－a イ－d**と決まります。

> もっている知識ですぐに解けない場合でも，関連する知識から推測して判断し，正解を導き出しましょう。

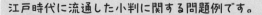

実際の共通テスト問題を見てみよう

江戸時代に流通した小判に関する問題例です。

（2021年共通テスト日本史B本試〈第1日程〉）

問 江戸時代に流通した小判の重量と金の成分比率の推移を示す次の**図**を参考にして，江戸時代の小判について述べた文として**誤っているもの**を，後の**①**〜**④**のうちから一つ選べ。なお金の成分比率（％）は，幕府が公定した品位による。

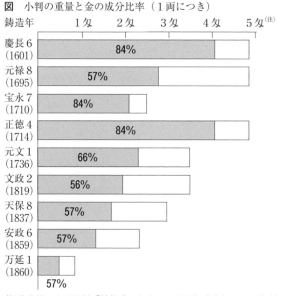

図　小判の重量と金の成分比率（1両につき）

鋳造年	成分比率
慶長6（1601）	84%
元禄8（1695）	57%
宝永7（1710）	84%
正徳4（1714）	84%
元文1（1736）	66%
文政2（1819）	56%
天保8（1837）	57%
安政6（1859）	57%
万延1（1860）	57%

（桜井英治・中西聡編『新体系日本史12　流通経済史』により作成）

（注）　匁：重量の単位。1匁＝3.75g

① 新井白石の意見により，幕府が鋳造した正徳小判は，重量も成分比率も，慶長小判と同じ水準に戻された。

② 幕府は必要に応じ，鋳造小判における金の成分比率を変化させたが，50％以下となることはなかった。

③ 元文小判の金の成分比率は，正徳小判よりは低く，後の時代よりは高かった。

④ 国内と海外の金銀比価が違ったため，開国後，幕府は小判の金の成分比率を減らして対応した。

小判の名前なら聞いたことあるんだけど……。

グラフの読み取り問題は苦手だなぁ……。

小判の重量や金の成分比率までは，気にしたことがありません。

この問題は，①～④それぞれの文とグラフを照らし合わせて正誤を判断すれば解けます。1つ1つの小判に関する細かな知識は必要ありません。

　江戸時代に流通した小判の重量と金の成分比率の推移を示す図を参考にして，江戸時代の小判について述べた文として誤っているものを1つ選ぶ問題です。

　では，①の文から順に見ていきましょう。
　まず，①の文では，慶長小判と新井白石の意見により鋳造された正徳小判が，重量も金の成分比率も同じ水準であると述べられています。
　新井白石は正徳小判などの良貨を発行して幕府の財政立て直しをはかるなど，正徳の治と呼ばれる政治を行いました →P.181 。
　グラフを確認します。上から4つ目が正徳4年に作られているので正徳小判です。正徳小判と一番上の慶長6年に作られている慶長小判を比較すると，重量，金の成分比率とも同じであることがわかります。
　よって，①は正文と判断します。
　新井白石についての知識に自信がない場合は，保留にして他の選択肢を確認します。

②では，全ての小判について，金の成分比率が50%以下になることはなかったと述べられています。

グラフを確認すると，金の成分比率が最も低いのは，文政小判{ぶんせいこばん}の56%なので，②は正文です。

続いて，③の文を確認します。③の文では，元文小判{げんぶんこばん}の金の成分比率を，正徳小判と，元文小判より後の時代の小判と比較しています。

グラフを確認すると，元文小判の金の成分比率は66%，正徳小判は84%，元文小判より後の時代の小判は56%〜57%です。

元文小判の金の成分比率は，正徳小判より低く，後の時代のものより高いので，③は正文と判断します。

最後に，④の文を確認しましょう。④の文では，開国前後に鋳造された小判の金の成分比率を比較しています。

日本が鎖国{さこく}をやめ，開国したのは日米和親条約{にちべいわしんじょうやく}を結んだ1854年 →P.208です。1854年前後のグラフを確認すると，開国前の1837年に鋳造された天保小判{てんぽうこばん}の金の成分比率が57%，開国後に鋳造された安政小判{あんせいこばん}，万延小判{まんえんこばん}ともに57%であり，金の成分比率は減少していません。

開国の年代がうろ覚えであっても，19世紀中頃とわかっていれば金の成分比率が減少していないのはわかりますね。

よって，④は誤文と判断し，①を保留にした場合は①を正文と判断できます。

したがって，解答は④と決定します。

> グラフを読み取る問題では，グラフのどの部分を確認するか間違わないようにすることが大切です。知識に自信がなくても，グラフを正確に読み取れば正解できるでしょう。

第4章　近現代　概説

キーワード　明治維新　大日本帝国憲法　満州事変　日中戦争　高度経済成長

Q 31 日本史の近現代の特徴はなんですか？

A
- 国家の独立を維持するために近代化を推進。
- 台湾・朝鮮を領有し，帝国主義国家となる。
- 第二次世界大戦後は，高度経済成長を遂げる。

　産業革命が進展した結果，工業生産力を高めた欧米列強は，19世紀半ばに市場を求めて，東アジアへの進出を本格的に始めました。その結果，**清国や日本は，列強からの開国要求への対応を迫られました**。日本は領事裁判権を容認し，関税自主権が欠如した**不平等条約に調印**しましたが，本格的な戦争を行わずに開国しました。**幕藩体制のもとでは，国家と民族の独立を維持できず，欧米列強のような近代化を進めることができないという考えが広まりました。** そこで，雄藩と呼ばれた薩摩・長州・土佐・肥前の出身者が中心となり，**天皇をシンボルとして**，明治維新 →P.212 が行われました。

　富国強兵を目指して近代化政策を推進し，大日本帝国憲法 →P.215 を制定した日本は，**日清戦争に勝利して台湾を領有し，日露戦争後には満洲における権益を獲得し，韓国併合を行いました。こうして日本は列強諸国と同様に植民地を有する帝国主義国家 →P.56 となりました。**

江戸幕府が締結した，相手国の領事裁判権を容認し，日本の関税自主権が認められなかった修好通商条約は，いつ改正されたのですか？

日清戦争の直前に領事裁判権の撤廃に成功し，明治時代末期の1911年に関税自主権の獲得に成功しました。

第一次世界大戦により国力を伸ばした日本は，イギリス・アメリカ・フランス・イタリアとともに五大国とも称されました。第一次世界大戦後に成立したヴェルサイユ・ワシントン体制のもと，国際協調の時代となりました。しかし，世界恐慌の影響で，イタリアやドイツでファシズム政権が成立し，日本も現状打破を狙って，満州事変→P.78から日中戦争→P.80へと中国との全面戦争に突入しました。そこでドイツ・イタリアと同盟を締結して，第二次世界大戦に参戦しましたが，アメリカ・イギリスなどの連合国に敗北しました。

第二次世界大戦後，日本は戦争放棄（せんそうほうき）の条文を含む新憲法を制定し，平和国家となりました。しかし，アメリカを中心とする西側陣営とソ連を中心とする東側陣営が対立する冷戦が激化すると，日本の独立を認めるサンフランシスコ平和条約を結び，同時に日米安全保障条約を結んで，西側陣営に組み込まれて国際社会に復帰しました。その後，日本は高度経済成長→P.240を遂げ，世界有数の経済大国になりました。

	1850 1860 1870 1880 1890 1900 1910	1920	1930 1940 1950 1960 1970 1980	1990 2000
時代	江戸 ／ 明治	大正	昭和	平成
政治	幕末・維新　自由民権　大陸への進出	政党政治	軍部の支配　占領期　安保体制	
主要事項	ペリーの来航／日米修好通商条約／大政奉還／廃藩置県／西南戦争／大日本帝国憲法／日清戦争／北清事変／日露戦争／韓国併合	シベリア出兵	満州事変／日中戦争／太平洋戦争／日本国憲法／サンフランシスコ平和条約／国際連合加盟／日韓基本条約／日中平和友好条約／バブル経済	東日本大震災

第4章 ＞ 近現代　開国と幕末の動乱

キーワード　ペリー　日米和親条約　ハリス　日米修好通商条約

Q32 開国によって，日本国内はどのように変化したのですか？

A
- 貿易の開始により，従来の流通機構が崩壊した。
- 流通機構の崩壊と貨幣改鋳により，物価が急騰し，庶民の生活を圧迫，攘夷運動が起こった。

18世紀後半のイギリスに続き，19世紀にはヨーロッパ各国やアメリカでも産業革命 →P.38 が起こりました。これらの国々は列強と呼ばれ，その軍事力や経済力を背景に，海外市場や資源の獲得を目指して，しだいにアジアに進出してきました。

　アメリカは，対清貿易の船舶や捕鯨船の寄港地として日本に着目していました。そして，1853年，ペリーが率いる軍艦が浦賀に来航し，開国を求めるアメリカ大統領の国書を幕府に提出しました。老中阿部正弘を中心とした幕府は国書を受理し，翌年，回答することを約束し，ペリーを退去させました。翌月には，長崎にロシアのプチャーチンが来航し，**開国と国境の画定を求めました**。1854年，再びペリーが来航すると，幕府は**日米和親条約**を締結し，下田・箱館の開港，領事駐在の許可，アメリカに一方的な最恵国待遇（片務的最恵国待遇）→P.50 を与えることなどを取り決めました。続いて，**イギリス・ロシア*1・オランダとも同様の条約を締結しました。これを「開国」と呼び**ます。

　下田に赴任したアメリカ総領事ハリスは，貿易を行うための通商条約の締結を要求しました。老中堀田正睦は通商条約締結を決意し，勅許（天皇の許

可）を要請しましたが，攘夷を主張する公家らの反対で失敗しました。この頃，中国で**第2次アヘン戦争（アロー戦争）**が起こるなど，列強の脅威が増したため，大老井伊直弼は勅許を得られないまま**日米修好通商条約**を締結しました。この条約は神奈川・長崎などの開港，**領事裁判権の容認（治外法権），協定関税制（関税自主権の欠如）**をとるなど，日本に不平等なものでした。

1859年から横浜・長崎・箱館の3港で貿易が始まりました。取引額では横浜が最大で，貿易相手国ではイギリスが優位でした。日本からは生糸・茶・蚕卵紙などの原料や半製品が輸出され，毛織物・綿織物など工業製品が輸入されました。**生産地の商人が商品を直接開港場に送ったため，いままでの問屋商人を中心とする流通機構が崩れ，物価が高騰しました。**

さらに金銀の交換比率の違いから，金貨が国外へ大量に流出しました。そこで幕府は国際的比率に近づけるため，**金貨の大きさを小さくする貨幣改鋳を行いましたが，貨幣価値が下落したため，物価はますます高騰しました。**その結果，困窮した庶民は世直し一揆や打ちこわしを起こし，貿易に対する不満が高まり，攘夷運動が起こりました。

「綿織物など工業製品」が輸入されましたが，大坂周辺や尾張ではマニュファクチュアによって綿織物を生産していましたよね？

残念ながら，国内の綿織物生産地は打撃を受けました。やがて綿織物業者は，安価で高品質の輸入綿糸によって綿織物を生産し，輸入綿織物に対抗するようになりました。

*1　日露和親条約では，択捉島以南を日本領，得撫島以北の千島列島をロシア領とし，樺太は境界を定めず，両国人雑居の地とした。

キーワード　雄藩　四国艦隊下関砲撃事件　薩英戦争　薩長同盟（薩長連合）

Q33 長州藩・薩摩藩はどうして江戸幕府を滅ぼしたのですか？

A
- 藩政改革に成功した薩長両藩は雄藩に成長。
- 列強の軍事力を認識した薩長両藩は，軍事力を強化し，藩論を倒幕に転換。

18世紀前半，薩摩藩・長州藩などは藩政改革に成功し，雄藩と呼ばれるようになります。雄藩は幕末の政局に影響を及ぼし，雄藩の出身者が明治維新政府で中心的役割を果たすことになります。

　ペリーが来航した後，老中阿部正弘は，諸大名らにも意見を求め，朝廷にも状況を報告したため，朝廷の権威が高まり，諸大名の発言力も強まりました。この頃，幕府では13代将軍徳川家定の後継をめぐる対立が起きていました。一橋慶喜（水戸の徳川斉昭の子）を推す越前藩主松平慶永や薩摩藩主島津斉彬ら一橋派と，紀伊藩主徳川慶福を推す譜代大名ら南紀派が争っていました。**一橋派はこれまでの譜代大名中心の幕政を改革し，政治に参加することを狙い，南紀派は幕府独裁を維持しようとしていました。**

　1858年，南紀派の彦根藩主井伊直弼が大老となり，慶福を将軍後継に決めました（14代将軍徳川家茂）。これに対し，一橋派や無勅許で条約を調印したことに反発する攘夷派の公家・志士らは強く反発しました。この動きに対し，井伊は厳しい弾圧を行いました。この弾圧を**安政の大獄**と呼びます。これに反発した水戸藩の浪士らは**桜田門外の変**で井伊を暗殺しました。

桜田門外の変で幕府の権威
は失墜し，朝廷（公）と幕府
（武）との融和をはかる公武
合体派と，尊王攘夷論[*1]を唱
える尊攘派が対立します。雄
藩の動きも活発になり，薩摩
藩では藩主の父島津久光が上京し，勅使とともに江戸に下り，幕政改革を要
求しました[*2]。幕府はこれを受け入れ，**文久の改革**を行いました。

> **ひとこと**
>
> ### 文久の改革
>
> 一橋慶喜を将軍後見職に，松平慶永を政事総裁職に，会津藩主松平容保を京都守護職とし，親藩が政治の中心を担うことになりました。また，参勤交代を緩和したことは幕府権力の低下を明らかにしました。

一方，京都では，尊攘派の公家と長州藩が主導権を握り，朝廷にはたらきかけて幕府に攘夷の実行を約束させました。これを受けて，長州藩は下関を通過する外国船を砲撃しました。しかし，尊攘派から政治の主導権を奪うために薩摩藩と会津藩は，**八月十八日の政変**で，尊攘派の公家と長州藩を京都から追放しました。長州藩は挽回を狙いましたが**禁門の変**で敗れ，その後，**幕府軍の長州征討と四国艦隊下関砲撃事件**で大きな打撃を受けました。薩摩藩も**生麦事件**の報復としてイギリス艦隊に攻撃される**薩英戦争**で敗北しました。

列強の強大な軍事力を知った長州藩と薩摩藩は西洋式軍制を整えて，藩論を倒幕へと転換し，やがて倒幕を目指す**薩長同盟（薩長連合）**を結びました。こうした状況を受けて，**イギリスは雄藩連合政権の誕生に期待して薩摩藩・長州藩に接近し，フランスは幕府に接近しました。**

アメリカとロシアがイギリス・フランスより，早くに日本に接近したはずなのに，イギリス・フランスが中心になったのですか？

アメリカでは南北戦争のため日本で主導権を握れず，ロシアはクリミア戦争で敗れ，南下政策を阻止されていました。

*1 尊王論と攘夷論が結びついた思想で，無勅許調印以降は反幕論になった。
*2 島津久光の帰途，薩摩藩士がイギリス人を殺傷する生麦事件が起こった。

第 **4** 章 　 近現代　明治維新と富国強兵

キーワード 　 四民平等 　 徴兵令 　 地租改正 　 学制

Q 34 明治維新によって，社会はどのよ
うに変化したのですか？

A

- 藩がなくなり，府・県が置かれた。
- 士農工商という身分がなくなる四民平等の社会に。
- 国民皆兵・国民皆学が目指された。

1867年，15代将軍徳川慶喜は政権を朝廷に返還する大政奉還を行いました。その後，王政復古の大号令を経て成立した新政府によって，幕藩体制下では当然のこととして社会に受け入れられていたことが，改められることになります。

　1868年，**五箇条の誓文と五榜の掲示**によって，今後の政治方針と民衆統治の方針が表明されました。**江戸は東京と改まり，「明治」と改元されて一世一元の制が採用され**，翌1869年には天皇が東京に移り，東京が日本の首都になりました。そして，新政府は中央集権体制の成立を目指し，大名から領地（版）と領民（籍）を返還させる**版籍奉還**を行いましたが，軍事と徴税の権利はそのまま各藩に属していました。

　新政府は，国民一人ひとりが国民として自覚をもつことによって支えられる国民国家 →P.42 の創設を目指しました。1871年，新政府は国民を直接把握するために**戸籍法**を制定し，江戸時代の「士農工商」に代わり，華族・士族・平民とし**四民平等**の政策をとりました。そして，軍事力と財源の集中をはかるため**廃藩置県を断行し，中央から府知事・県令を派遣して行政を担わせ，全国の政治的統一が達成されました。**

　新政府は，これまでの武士に代わって，国民から徴集した兵による近代的軍隊の創設を目指しました。そこで，**国民皆兵**の必要性を説く徴兵告諭を発し，1873年に**徴兵令**を公布し，満20歳以上の男子に兵役の義務を課しました。また，新政府は，藩ごとに年貢率を定めていた租税制度に代わる土地制度と税制を成立させようとしました。まず，地主と自作農に**地券**を交付して土地所有権を確立させました。次いで1873年に**地租改正条例**を定め，全国一律に貨幣で納税させる近代的租税制度が確立しました。

　明治維新の変革は，宗教にも大きな影響を及ぼしました。新政府は，祭政一致を掲げて神道を国教とする方針を示し，古代以来の神仏習合を否定する**神仏分離令**を発しました。江戸時代には人民支配の末端を担っていた寺院が破壊される**廃仏毀釈**の嵐が吹き荒れました。また，政府は当初，キリスト教を禁止していましたが，欧米諸国から抗議を受けて，1873年からキリスト教信仰を黙認するようになりました。

　1871年に政府は文部省を新設し，翌1872年には学制の序文である「学事奨励に関する太政官布告」で，**実学主義と国民皆学の方針を示しました。**そして，フランスの制度をまねた**学制**が公布され，小学校から大学までの学校制度が定められました。とくに**小学校教育が重視され，6歳以上の男女すべてが教育の機会を得られるように，**全国で小学校がつくられました。これは，学校の建築費や授業料が地元の負担となり，地方の実情に合わないものでした。

　ずいぶん，江戸時代と変わってしまったのですね。人々はすんなりとこの変化を受け入れたのですか？

　廃藩置県などは比較的抵抗されませんでしたが，地租改正に対しては反対一揆が発生し，徴兵令に反対する血税一揆も起こりました。子供を労働力としていた農家などは学制反対一揆を起こしました。

第4章　近現代　立憲国家の成立

キーワード　民撰議院設立の建白書　漸次立憲政体樹立の詔　衆議院議員選挙

Q35 自由民権運動は，どのような社会を求めていたのですか？

A
- 選挙を実施し，国民の参政権が確立した社会。
- 憲法を制定し，立憲君主制のもとで立法府である国会が開設される社会。

　明治六年の政変*¹で政府を去った板垣退助らが**民撰議院設立の建白書**を政府に提出したのをきっかけに，**国民の参政権の確立と国会開設を目指した自由民権運動は，急速に高まりました。**立志社など各地で結成された政社（政治結社）が民権派の中心となりました。1875年にはその全国組織として愛国社が設立されました。

　民権派の動きに対して，政府も少しずつ立憲制に移行する方針を立て，1875年に**漸次立憲政体樹立の詔**を出すとともに，立法諮問機関の元老院と最高裁判所にあたる大審院を設置しました。一方で，言論統制を強化する讒謗律と新聞紙条例を制定し，民権派の活動を厳しく取り締まりました。しかし，**立志社が国会開設などを求める建白書を提出し，活動を中断していた愛国社も再興され，民権運動は再び盛り上がりを見せ，1880年には愛国社は国会期成同盟へと発展しました。**これに対して，政府は集会条例を制定して政治集会の開催や政社の活動を制限して運動を抑えようとしました。

　民権運動の高まりを受けて，**国会の即時開設を主張する**大隈重信と，早期の国会開設に慎重な伊藤博文が対立しました。こうしたなか，開拓使官有物

払下げ事件が起こり，藩閥と政商*2の癒着が表面化し，民権派の政府攻撃が激しくなりました。そのため，大隈重信が民権派に同調しているとして，伊藤博文らは彼を政府から追放しました（**明治十四年の政変**）。そして，伊藤らを中心とする薩長藩閥政府が確立しました。

　その一方で，**政府は，1890年の国会開設を公約する国会開設の勅諭を出し，君主権の強い憲法を制定する準備を進めました**。民間でも，**私擬憲法**と呼ばれる数多くの憲法私案が作られました。これと並行して，民権派は国会開設に備えて，政党の結成*3へと進みました。しかし，その後も政府は民権派に対する弾圧を強め，**一部の自由党員や不況に苦しむ農民が，各地で直接行動である激化事件を起こしたため**，運動は衰退していきました。

　しかし国会の開設が近づくと，民権運動の再結集がはかられ，**三大事件建白運動***4が起こり，団結して国会開設に備えようとする大同団結の動きが活発になりました。政府も**保安条例**を制定して弾圧を強化しましたが，憲法発布と議会開設を前にして，運動を抑えられませんでした。そして，1889年，**大日本帝国憲法**が発布され，翌年には**最初の衆議院議員選挙が実施され，第一回帝国議会（第一議会）が開催されました。ここに制限はありますが自由民権運動の目標であった国民の参政権の確立と国会開設が実現しました。**

江戸時代ならば国民の参政権を考えることができませんでしたよね。なぜ，近代になるとこういう考えが生まれたのですか？

さまざまな要因がありますが，やはり西洋風の啓蒙思想，とくにフランスの天賦人権論の影響が大きかったですね。

*1　征韓論争に敗れた西郷隆盛・板垣退助らが参議を辞職したできごと。
*2　三井や三菱など政治と結びついた資本家。
*3　板垣退助を中心とする自由党や，大隈重信を中心とする立憲改進党が結成された。
*4　言論の自由，地租軽減，条約改正の３つを主張する建白書が出された。

第4章　近現代　日清・日露戦争期の国内政治

キーワード　超然主義　第1次大隈内閣と第2次山県内閣　立憲政友会

Q36
日清・日露戦争の時期に，日本の政治はどう変化したのですか？

A

- 日清戦争以前，政府と民党（政党）は対立。
- 日清戦争後，一時，政府と政党は提携したが，その後提携は破綻した。

日清戦争は朝鮮をめぐる日本と清の対立が原因でした。一方，日露戦争は満洲と韓国で勢力を拡大したロシアとの対立が背景にあり，戦争を遂行するためには軍備を拡張するための予算が必要でした。

帝国議会開設以前，政府は対議会方針として，**政府の政策は政党の意向に左右されないとする**超然主義を表明していました。しかし，第1回衆議院議員総選挙の結果，立憲自由党と立憲改進党などの民党（民権派）が，政府支持の吏党を上回り，議会の過半数を占めました。つまり，政府と民党の対立は避けて通れないものとなりました。

第一議会では，**第1次山県有朋内閣**が朝鮮対策のために軍備を拡張するための予算の成立を目指しましたが，民党は民力休養（地租軽減）と行政費削減を主張して政府と対立しました。その後，第1次松方正義内閣と第2次伊藤博文内閣のもとでも，予算や外交問題で民党と政府の対立は続き，政府は議会の解散を繰り返しました。しかし，**日清戦争が始まると政府と民党は協調しました。政府は予算案を通すために民党を無視できなくなり，民党も政**策を実現するために政府との妥協を図るようになりました。

　日清戦争後，第2次伊藤内閣と第2次松方内閣は民党と提携して，軍備拡張を中心とする日清戦後経営を進めました。しかし，第3次伊藤内閣が地租増徴案を議会に提出すると，民党は結束してこれに反対，否決し，そして合同して**憲政党**を結成しました。政党との提携を図ることが困難になったと判断した伊藤は退陣し，**衆議院で圧倒的な議席をもつ憲政党を基盤とする最初の政党内閣である第1次大隈重信内閣が成立**しました。しかし，内閣は成立直後から内部対立が激しく，憲政党は分裂，短期間で大隈内閣は総辞職し，藩閥を中心とする**第2次山県有朋内閣**が成立しました。

　山県内閣は地租増徴を実現し，一方で政党勢力の進出を防止するために文官任用令を改正して政党勢力の官僚機構への進出を防ぎました。さらに**軍部大臣現役武官制**を制定して，政党勢力の影響が軍部へ及ぶことを防ごうとしました。また，政治運動や労働運動を取り締まる**治安警察法**を制定しました。

　一方で，山県と同じ藩閥勢力の巨頭であった**伊藤博文は，議会運営を円滑にするために強力な保守政党の結成を画策していました**。そして，旧自由党の憲政党の党員を中心に，1900年，**立憲政友会**が結成されました。この政友会を基盤に，伊藤は第4次内閣を組織しましたが短期間で退陣しました。その後，**第1次桂太郎内閣**[*1]が成立し，この内閣が日露戦争を遂行します。

　明治維新の頃，藩閥勢力は専制的に改革政策を強行したのに，なぜ，政党との協調を画策するようになったのですか？

　予算案は衆議院で先に審議することが憲法で定まっていました。つまり政党が賛成しなければ予算が成立せず，軍備拡張などを進めることができなかったわけです。

*1　この後，山県の後継者である**桂太郎**と伊藤の後継者である**西園寺公望**が交互に政権を担う**桂園時代**が大正時代の初期まで続くことになる。

第4章　近現代　日清・日露戦争期の国際関係

キーワード　日清戦争　列強の中国分割　日露戦争　韓国併合条約

Q37 日本はどのようにして列強の仲間入りをしたのですか？

A
- 日清戦争後の下関条約で，台湾を獲得。
- 日露戦争中・後，韓国進出を進め，韓国併合条約で朝鮮を植民地化。

日清戦争で敗れた清国は，巨額の賠償金を列強諸国からの借款でまかないました。これを契機として，列強は中国分割を加速させました。

　1898年，ドイツは山東半島の膠州湾を租借し，ロシアも遼東半島の旅順・大連を租借しました。日本は下関条約で獲得した台湾に**台湾総督府**を設置して植民地支配を進め，さらに台湾海峡対岸の福建省を勢力範囲におさめようとしました。

　朝鮮は下関条約後，清国との宗主関係を解消して独立国であることを表明し，国号を**大韓帝国（韓国）**と改めました。日本は日清戦争で朝鮮半島における清国勢力を排除することに成功しましたが，**三国干渉**[*1]により東アジアでの勢力を後退させていました。一方で，**満洲（中国東北部）で勢力を拡大させたロシアが，韓国に対する影響力を増大させていました。韓国から満洲にかけて勢力拡大を目指す日本はロシアとの対立を深め**，**日英同盟**によるイギリスの支持を得て1904年，**日露戦争**に突入しました。

　日露開戦後，日本は韓国との間に**日韓議定書**を締結して，韓国内における

日本軍の軍事行動の自由を確保しました。さらに**第1次日韓協約**を結び，日本政府推薦の財務顧問・外交顧問の採用を強要しました。こうして韓国進出のきっかけを得た日本は，アメリカ・イギリスと協定を結んだり協約改定を行ったりし，さらにポーツマス条約でロシアの承認を受け，**韓国の外交権を奪う第2次日韓協約を結びました。そして統監府を設置し，韓国を保護国 →P.53 としました。**さらに第3次日韓協約により内政権を奪い，1910年，**韓国併合条約**を成立させて韓国を日本の領土としました。その後，日本は韓国を朝鮮と改称し，**朝鮮総督府**を設置して植民地支配を進めました。

　こうして日本は，日清・日露戦争と韓国併合によって列強の仲間入りを果たしましたが，それは同時に新たな対立の火種を抱えることを意味しました。**日露戦争後，ポーツマス条約で獲得した権益を基盤に日本は満洲進出を本格化させました。**旅順・大連地区を含む遼東半島南端を**関東州**と改称して，**関東都督府**を設置して同地域の統治を担当させました。また，**南満洲鉄道株式会社（満鉄）**を設けて，満洲経営の拠点としました。

　日本の南満洲独占の動きは，中国分割には参加せず，**門戸開放の原則を唱えていたアメリカとの関係を悪化させました**[2]。その一方で，日本は，北満州に権益を有するロシアと接近して，1907年以降，4次にわたる**日露協約**を締結して，満州と蒙古を両国で分割支配する方針を確認しました。

台湾や朝鮮における植民地支配は，どのような方針で進められたのですか？

台湾総督府や朝鮮総督府が立法権を含む大きな権限をもち，現地人の権利・自由に制限を加えました。また，学校では，日本史や日本語が必修となる一方，現地の歴史などは軽視されました。

*1　下関条約で獲得した遼東半島を，ロシア・フランス・ドイツの圧力のため返還した →P.53 。
*2　アメリカではカリフォルニア州などで日本人移民排斥の動きが起こった。

第4章 近現代　第一次世界大戦と日本

キーワード　二十一か条の要求　シベリア出兵　パリ講和会議　国際連盟

Q38 第一次世界大戦に，日本はどのように関わったのですか？

A

- 日英同盟を口実にドイツに宣戦布告。
- 二十一か条の要求を突きつけ，中国進出を強化。
- パリ講和会議には五大国のひとつとして参加。

日露戦争後，国際情勢は大きく変化しました。1911年，中国では辛亥革命が始まり，翌年，孫文を中心とする中華民国が成立し，清朝は滅亡しました。そして孫文に代わり袁世凱が大総統に就任しましたが，各地に軍閥*¹が割拠する混乱が続いていました。

　ヨーロッパでは，列強間の植民地再分割競争が起こっていました。イギリス・ロシア・フランスの三国協商と，ドイツ・オーストリア・イタリアの三国同盟との対立が激しくなっていました。そしてついに1914年，第一次世界大戦が始まりました。戦争は長期化し，国家は全ての人的・物的資源を動員する総力戦をとり →P.66 ，非戦闘員も戦争に巻き込まれ，膨大な犠牲者を出しました。

　日本は，三国協商側に立って，日英同盟を口実にドイツに宣戦布告しましたが，その目的は中国大陸への進出を強化することと，東アジアと太平洋におけるドイツ勢力を一掃することでした。そこで日本軍は，中国におけるドイツの根拠地であった膠州湾の青島とドイツ領南洋諸島を占領しました。主たる戦場はヨーロッパであったため，日本の国土は戦場にならず，総力戦を経験することはありませんでした。

ヨーロッパ列強がアジアから後退したため，日本は中国進出を強化しました。**1915年，袁世凱政権に対して，二十一か条の要求を突きつけ，**山東省のドイツ権益の継承や南満洲の権益の強化などを認めさせました。しかし，中国では排日運動が激しくなり，欧米列強の対日感情も悪化しました。

　第一次世界大戦が泥沼化するなかで，1917年，**ロシア革命が起こり，社会主義のソヴィエト政権が成立しました**→P.67 。社会主義政権の成立を脅威ととらえたアメリカ・イギリス・フランス・日本は，革命に干渉するため**シベリア出兵**を行いました。シベリアへの勢力拡大を画策していた日本は，他の列強諸国に比べてはるかに多い兵力を投入し，他国が撤兵した後も出兵を継続したために，国際的な信頼を失うこととなりました。

　1918年，ドイツで革命が起こって，第一次世界大戦は日本など連合国側の勝利で終了しました。翌年，**パリ講和会議が開かれ，日本は五大国のひとつとして参加しました。**そして，**ヴェルサイユ条約**が締結され，日本は山東省の旧ドイツ権益の継承が承認され，赤道以北の旧ドイツ領南洋諸島の委任統治権を獲得しました。また，**国際紛争の平和的解決のために国際連盟の創立も決定され，日本は常任理事国のひとつになりました**→P.69 。

二十一か条の要求などのために国際的な信頼は低下したようですが，第一次世界大戦は日本の植民地支配にとってプラスの結果となったようですね。

確かに新たな権益を獲得したことから見るとそうですね。しかし，中国では反日運動である**五・四運動**が発生し，朝鮮では日本からの独立を求める**三・一独立運動**が起こりました。つまり，中国・朝鮮では反日感情がますます悪化することになりました。

---

*1　近代の中国では，地方の軍人の地方政権を指す。

第4章 近現代 大正時代

キーワード 第一次護憲運動 米騒動 第二次護憲運動 「憲政の常道」

Q39 大正時代に日本の政治はどのように変化したのですか？

A

- 第一次護憲運動により，藩閥内閣を打倒。
- 米騒動後，2代にわたり政党内閣が継続。
- 第二次護憲運動後には「憲政の常道」が始まる。

日露戦争を主導した第1次桂太郎内閣から1913（大正2）年まで，藩閥勢力を代表する桂と立憲政友会総裁の西園寺公望が交互に組閣しました。そして，互いに妥協しながら政権を担っていましたが，軍拡問題でこの状態は変化することになりました。

　1911年に成立した第2次西園寺内閣は，日露戦争後の財政難のなかで，行政・財政整理の方針をとっていました。しかし，**陸軍は朝鮮に駐屯するための2個師団増設を要求**しました。この要求を内閣が拒否すると，陸軍大臣が辞表を提出し，陸軍は後任陸相の推薦を拒否しました。**軍部大臣現役武官制** →P.217 の制約のため陸相を得ることができなかった内閣は退陣しました。

　代わって，即位してまもない大正天皇の側近として内大臣を務めていた桂が第3次内閣を組織しました。これに対し，**「閥族打破・憲政擁護」をスローガンに第一次護憲運動が起こり，それが政党に指導された多くの民衆が参加する国民的運動に発展**したことで，内閣は短期間で退陣に追い込まれました。その後，政友会の支持を得た海軍の山本権兵衛が第1次内閣を組織しました。

　第1次山本内閣は西園寺内閣倒閣の原因となった**軍部大臣現役武官制**を改

正し，現役でない軍人が大臣に就任することを可能としました。さらに**文官任用令** →P.217 を改正し，政党員が高級官僚になることが可能となり，**政党勢力が拡大する道を開きました。**しかし，海軍の汚職事件であるシーメンス事件が発覚し，それに抗議する民衆運動が起こり，内閣は退陣しました。

　政治不信の高まりを受けて，元老（非公式の天皇の最高顧問）の山県有朋は国民的人気の高い大隈重信を首相に起用し，立憲同志会（1913年に結成）を与党とする第2次大隈内閣が成立しました。しかし元老と対立したため内閣は退陣し，代わって藩閥勢力の寺内正毅が組閣し，超然主義 →P.216 をとりました。しかし，米価高騰に抗議する民衆暴動である**米騒動**が発生し，政府は軍隊を出動させて鎮圧しましたが，この事件によって内閣は倒れました。

　民衆の力を認識した元老の山県は，藩閥勢力出身の首相では国民の支持を得られないと考え，立憲政友会総裁の**原敬**を首相に推薦しました。原は政友会の支持拡大のために積極的な財政政策をとりました。原内閣・高橋是清内閣と政党内閣が続きましたが，その後は**3代にわたって政党を基盤としない内閣が続きました。しかしこれらの内閣も政党勢力の協力を得ないと政権の維持が困難でした。**とくに1924年に貴族院を基盤とする清浦奎吾内閣が成立すると，政党勢力を中心とする**第二次護憲運動**が起こり，総選挙で清浦内閣打倒に成功しました。その後，**1932年まで政党の党首が内閣を組織する慣行が継続しました。この慣例は**「憲政の常道」と呼ばれています。

以前は民衆の動向が政権を左右することはあまりなかったと思いますが，大正時代は民衆運動で政権が倒れることもあったのですね。

新聞・雑誌の発行部数が増加するなどマスコミの発達や美濃部達吉の天皇機関説 →P.73 や大日本帝国憲法のもとでの政党内閣論を提唱したことにより，民衆の政治的関心が高まったことなどが民衆運動の高まりにつながりました。

第**4**章 近現代　近代産業の発展

キーワード （紡績女工・製糸女工）（労働争議）（労働組合期成会）
（治安警察法）（工場法）

Q40 近代産業が発展して，どのような問題が生まれたのですか？

A
- 繊維産業では，女工が低賃金・長時間労働を強いられる。
- 労働争議が発生し，労働組合の結成も進展。

日本の産業革命は，日清戦争前後，軽工業を中心に進展し，日露戦争前後には重工業を中心に進展しました。

　日本では，1880年代から綿糸を生産する紡績業や生糸を生産する製糸業などが発展しました。紡績業では，**大阪紡績会社**が外国製の紡績機械を使用して成功すると，次々と大規模な紡績会社が生まれました。幕末以来，輸出産業として発展した製糸業では，**日清戦争後に器械製糸**による生糸の生産量が，従来の座繰製糸の生産量を上回りました。こうして輸出量を拡大させた製糸業によって得た外国の貨幣は，産業革命に必要な資材の輸入に利用されました。重工業の発達は遅れていましたが，下関条約で得た賠償金の一部を利用して，1897年に**官営八幡製鉄所**が設立され，鉄鋼生産の国産化を目指しました。

　産業の発達は，交通機関の発達をもたらしました。1881年に設立された**日本鉄道会社**の成功をきっかけに，民営の鉄道会社の設立がさかんになりました。一方，**1889年には官営の東海道線が全通し，日清戦争後には国内の主要幹線がほぼ完成しました**。しかし，日露戦争後の不況により民営鉄道の経営が悪化し，また官営と民営に分かれていたため軍事上の不便が多く，1906年に**鉄道国有法**が制定され，全国の主要幹線が国有化されました。

こうした産業の発達に関わったのは，三井や三菱のような政商[→P.215]でした。政府から官営工場や鉱山の払い下げを受けた政商は，これを基礎としながら，金融・貿易・運輸・鉱山などを経営する**財閥**へと成長していきました。

　産業革命が進展すると，賃金労働者が増加しました。紡績業と製糸業で働く労働者の大部分は女工（紡績女工・製糸女工）でした。彼女らは低賃金で長時間労働を強いられていました。一方で，男性労働者の多くは鉱山業や軍需工業，運輸業で働いていましたが，とくに鉱山業での労働者の虐待が社会問題化しました。

　日清戦争前後には，労働組合が結成されるようになり，労働条件の改善を要求する労働争議が増加しました。アメリカから帰国した高野房太郎や片山潜を中心に，**労働組合期成会**が1897年に組織さ

ひとこと

労働者の実態を伝える著作
産業革命期の労働者の実態は，横山源之助の『日本之下層社会』(1899)や，工場法の立案の資料となった農商務省の『職工事情』(1903)，時代は下りますが，細井和喜蔵の『女工哀史』(1925)などで知られています。

れ，労働組合の結成を指導しました。政府は，こうした動きに対し1900年に**治安警察法**を制定し，労働者の団結権や争議権を事実上否認しました。さらに1911年には労働者保護法である**工場法**を制定しましたが，例外規定も多く，大きな効果をあげませんでした。

産業革命によって，さまざまな問題が起きたようですが，農民に影響は与えなかったのですか？

寄生地主化の進展や貧しい小作農の増加などが起こりました。他に，日本最初の大規模な公害問題である**足尾鉱毒事件**では多くの農民が甚大な被害を受けました。

第**4**章 近現代　近代文化の発達・市民生活の変容と大衆文化

キーワード（学校令）（教育勅語）（ナショナリズム）（市民文化・大衆文化）

Q41 明治時代の文化，大正時代の文化の特徴はなんですか？

A
- 明治時代は，西洋文明の摂取を目的とする教育から，政府による統制が強まり，国家主義重視の教育へ。
- 大正時代は，教育の充実や経済の発展で大衆文化が発展。

近代の文化（明治時代と大正時代の文化）にはさまざまなジャンルがあります。そのなかでも重要なのは教育と思想です。この2つの分野を中心に理解を深めましょう。

　明治維新期に政府主導で導入が進められた西洋文明は，学校教育を媒体として次第に社会に浸透していきました。1872年に公布された学制によって，近代的な学校制度は始まりました。しかし，その簡単には広まりませんでした。その後，教育制度はしばしば改正され，1886年，森有礼文部大臣のときに公布された学校令によって，ようやく確立しました。そして，教育の目的は，西洋文明の摂取から国家主義重視へと変わり，1890年に忠君愛国を強調した教育勅語が発布されました。そして，小学校の教科書が国定教科書となり，教育に対しての国家による統制が強化されました。

　政府の教育政策と新聞などのジャーナリズムの発達によって，ナショナリズム（国民としての意識）が日本社会に定着していきました。民友社の徳富蘇峰は雑誌『国民之友』を刊行し，政府の欧化政策を批判する平民的欧化主義を説きました。これに対し，政教社の三宅雪嶺は雑誌『日本人』を発行して，伝統文化の尊重を説く国粋主義を唱えて，政府の欧化政策を批判しました。

日露戦争後になると，小学校の就学率が97%を超え，文字を読める国民が大部分となりました。さらに，高等教育機関も充実し，知識階級が増加しました。また，経済が発展したため，都市化が進み，俸給生活者（サラリーマン）も増加しました。さらに，新聞・

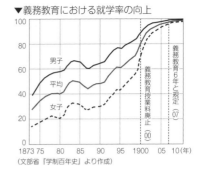

▼義務教育における就学率の向上

（文部省『学制百年史』より作成）

雑誌・ラジオなどのマスメディアも発達しました。こうして，**市民文化・大衆文化**が成長することになりました。

1918年，原敬内閣が**大学令**を制定して公立大学や私立大学を公認しました。また，新聞の発行部数も拡大し，『**中央公論**』などの総合雑誌や『**キング**』などの大衆雑誌も刊行されました。岩波文庫や，１冊１円という低価格の**円本**も登場し，大量出版の先例となりました。

さらに**第一次世界大戦の前後を通じて，社会運動や民衆の政治参加を要求する動きが起こりました。この風潮を大正デモクラシーと呼びます。**この風潮をリードしたのは，主権は天皇でなく国家にあるとする**美濃部達吉の天皇機関説**と，政策の決定は民意によるとする**吉野作造の民本主義**です → P.73。**天皇機関説・民本主義ともに政党内閣制の実現を主張しました。**

国民という意識をもつようになったとのことですが，それ以前は民衆には日本国民という意識はなかったのですか？

江戸時代は「国」というと，それぞれが所属していた「藩」という意識が強かったようです。日本国民という意識をもつのは明治時代になってからです。

第4章　近現代　恐慌の時代

キーワード　震災手形　金融恐慌　金解禁　世界恐慌　昭和恐慌

Q42 第一次世界大戦後，日本で恐慌が多発したのはなぜですか？

A
- 恐慌に対して，日本銀行券の増発で対応したから。
- 政府が保護政策をとり，経済界の破綻を一時的に回避することの繰り返しだったから。

大正時代から昭和時代初期にかけて，日本経済は戦後恐慌→震災恐慌→金融恐慌→昭和恐慌と，相次ぐ恐慌に見舞われます。それぞれの恐慌の要因と関連性に注意しましょう。

　第一次世界大戦が始まると，ヨーロッパの列強が撤退したため，日本がアジア市場を独占できました。また，英・仏・露などからの需要や好景気となったアメリカからの需要が重なり，輸出が急増して**大戦景気**となりました。しかし，**第一次世界大戦が終結すると，列強の生産が回復したため，輸出不振となる一方，生産過剰に陥りました。**そして，株価の暴落を契機に**戦後恐慌**が発生しました。**政府は，日本銀行券を増発させ，さらに日本銀行に融資（資金を貸すこと）を行わせ，恐慌の鎮静化をはかりました。**

　関東大震災後，再び恐慌が発生しました。**大震災後，多くの企業が発行した手形（期限付きの支払証書）の決済ができなくなり，震災恐慌が発生しました。**政府は，再び日本銀行に融資を行わせ，事態の鎮静化をはかりましたが，多くの銀行が決済できない**震災手形**を抱えることとなりました。

　1927年，多くの震災手形を抱える一部の銀行の厳しい経営が伝えられると，人々が預金を引き出すために銀行に押しかける**取付け騒ぎ**が起こって休

業する銀行が相次ぎました（金融恐慌）。さらに第一次世界大戦中に急成長した鈴木商店が倒産し，鈴木商店に巨額の融資を行っていた台湾銀行の不良貸付の表面化により金融恐慌が全国的に拡大しました。当時の**第1次若槻礼次郎内閣**は，緊急勅令[*1]を出して台湾銀行の救済を試みましたが，枢密院[*2]に勅令案を否決され，内閣は総辞職に追い込まれました。

　その後，成立した**田中義一内閣は，モラトリアム（支払猶予令）を発し，再び日本銀行からの貸し出しによって事態を収拾しようとしました。**金融恐慌が落ち着くと，三井・三菱などの五大銀行に預金が集中し，財閥による産業支配が強化されることになりました。

　恐慌の連続に対して，政府は日本銀行券の増発で救済をはかりましたが，経済界の立て直しは進みませんでした。また紙幣増発によりインフレ傾向に陥っていました。そこで，浜口雄幸内閣は物価を引き下げるために，徹底したデフレ政策（緊縮財政政策）をとりました。さらに1930年，貿易振興を目的に，1917年に禁止した金本位制 →P.55 に復帰する金解禁（金輸出解禁）を行いました。しかし，1929年に始まった世界恐慌 →P.74 の影響と金解禁による不況により，昭和恐慌に陥りました。とくにアメリカ向け生糸輸出が急減し，繭価が暴落したため農村の窮乏が深刻化しました。

政府が場当たり的に日本銀行券を増発したことが恐慌の深刻化を招いたようですね。ですが台湾銀行の救済の失敗は少し違う気がします。なぜ，枢密院は台湾銀行救済に反対したのですか？

若槻内閣の幣原喜重郎外相がとっていた中国に対する消極的な協調外交に批判的で，中国への進出を強化する積極外交を主張していた枢密院は，若槻内閣を総辞職に追い込むために反対したわけです。

*1　憲法に定められた天皇の大きな権利（天皇大権）の1つ。　*2　天皇の最高諮問機関。

第4章　近現代　軍部の台頭

キーワード 〔統帥権干犯問題〕〔満蒙の危機〕〔国家改造運動〕
〔五・一五事件〕〔二・二六事件〕

Q43 日本でどうして軍部の政治的な影響力が強まっていったのですか？

A

- 政権を狙う政党間の対立が軍部の台頭を許す。
- 昭和恐慌など契機に，政党の腐敗が表面化。
- 満州事変などの軍事行動を世論やマスコミが支持。

　立憲民政党(1927年に結成)の浜口雄幸内閣は，幣原喜重郎を外相として欧米列強との協調につとめ，1930年にロンドン海軍軍備制限条約を締結しました。天皇の統帥権の補佐役と自認する軍令部の反対にもかかわらず内閣が軍縮条約に調印したのは統帥権干犯であるとして，**海軍の一部と右翼が内閣を攻撃しました。この攻撃には政権奪還を狙う立憲政友会も同調しました。**

　一方で，中国では，満州軍閥の張学良*1が蔣介石の国民政府に合流し，中国統一を実現させた国民政府は，日本の満蒙権益に対する国権回収運動を開始しました。こうした情勢のもと，**日本国内では軍部や右翼が幣原喜重郎の中国に対する消極的な外交を非難して，「満蒙の危機」を叫びました。**危機感を強めた関東軍は，満州占領を計画し，1931年，奉天郊外で南満州鉄道の線路を爆破する柳条湖事件を起こし，これをきっかけに満州事変が勃発しました。**世論やマスコミは関東軍の軍事行動を支持しました。**

　統帥権干犯問題や昭和恐慌で社会への不満が高まるなか，満州事変を契機に，天皇のもとに強力な政治体制を打ち立てて，対外進出などを強化しようとする国家改造運動が活発になっていきました。**陸海軍の青年将校や右翼は，**

日本が行き詰まっているのは財閥や政党などの腐敗が原因だと主張し，政党政治や議会政治をテロによって破壊しようとする動きも起こりました。1931年にはクーデタ未遂事件である三月事件や十月事件が，翌32年には政府や財閥の要人が暗殺される血盟団事件が起こりました。そして，同年5月15日には政友会の犬養毅首相が軍部の手で暗殺される五・一五事件が発生し，第二次護憲運動以来続いた政党内閣の慣行である「憲政の常道」は終了しました。

犬養内閣後，海軍の斎藤実や岡田啓介が，軍部・政党などと協力する「挙国一致」を掲げて組閣しました。犬養・斎藤・岡田の3内閣で大蔵大臣をつとめた高橋是清の財政政策によって，日本は欧米諸国に先立って世界恐慌の影響から脱して，景気は回復していました。しかし，農村や都市の中小商工業者の困窮は解消せず，社会に対する不満は高まっていました。

1936年2月26日，陸軍皇道派の青年将校が，首相官邸や警視庁を襲撃し，高橋是清蔵相や斎藤実内大臣らを殺害する二・二六事件

> **ひとこと**
>
> ### 陸軍の統制派と皇道派
> 陸軍の内部では，部内の統制を強化して，軍主導の総力戦 →P.66 体制の樹立を目指す統制派と，天皇の軍隊であることを強く主張し，天皇親政の実現を目指す皇道派が対立していました。

を起こしました。この事件により皇道派は一掃されましたが，軍部の発言力は高まり，次の広田弘毅内閣は軍部の干渉を受けて成立しました。

深刻な不況であった昭和恐慌から回復させたにもかかわらず高橋是清蔵相も暗殺されてしまったのですね。

高橋是清は金輸出を再禁止し，赤字国債を財源に軍事費の拡大に応じていましたが，赤字国債の発行はいつまでも続けられないとして，財政支出を抑制しようとしました。このことが軍事費の削減につながることをおそれた軍部の反発を受けていました。

*1　1928年に関東軍の謀略により殺害された張作霖の子。

第4章 近現代 第二次世界大戦

キーワード ノモンハン事件 日米通商航海条約破棄 「大東亜共栄圏」構想 ABCD包囲陣

Q44 太平洋戦争は，どうして起こったのですか？

A
- ノモンハン事件後，大陸政策を北守南進（ほくしゅなんしん）に転換。
- 日本の南進策に対し，アメリカなどが対日経済封鎖を強化し，日本は戦略物資を確保する必要性が発生した。

世界恐慌でイギリス・アメリカなどは，排他的（はいたてき）なブロック経済圏 →P.75 を形成して恐慌からの脱出をはかりました。日本も満州と中国の華北地方を含めた円ブロックを形成しました。こうした動きは列国間の政治的・経済的な摩擦を強めました。

ヨーロッパではドイツがヴェルサイユ体制 →P.69 の打破に乗り出し，日本は，ソ連に対抗することを目的に，**日独防共協定**（にちどくぼうきょうきょうてい）を締結し，1937年にはイタリアもその協定に参加しました。しかし，1939年に満州・モンゴル国境付近で，日ソ両軍が衝突する**ノモンハン事件**が勃発し，日本軍は敗北しました。この敗戦をきっかけに，**日本の大陸政策は「北守南進」へと転換**しました。

日中戦争が長期化するなかで，日本が南進政策を強化すると，アメリカは**日米通商航海条約の破棄**（にちべいつうしょうこうかいじょうやく　はき）を通告してきました。**石油や鉄鋼などの戦略物資の多くをアメリカからの輸入に依存していた日本は，物資不足に陥ることになりました。**

1939年9月，ドイツ軍がポーランドに侵攻し，イギリス・フランスがドイツに宣戦布告し第二次世界大戦が始まりましたが，防共協定を軍事同盟に

強化しようとするドイツからの提案に，日本政府は消極的で，日中戦争の解決を優先して，第二次世界大戦にも不介入の方針をとっていました。

　その一方で，日本は**日本・満州国・中国に東南アジアを加えた「大東亜共栄圏」**構想を打ち出しました。そして，中国の蔣介石政権への援助物資の輸送路である援蔣ルートの遮断と，石油・ゴムなどの資源の確保を目的に，**北部仏印（フランス領インドシナ北部）へ軍隊を進駐**させました。しかし，**日本の南方進出は欧米諸国の対日経済封鎖をかえって強化させました。**

　そして，アメリカを仮想敵国とする**日独伊三国同盟**を締結し，さらに**日ソ中立条約**を締結しました。三国同盟の締結と同じ頃，アメリカは日本への経済制裁をさらに強化しました。そこで日本は，アメリカとの妥協の可能性を探って，**日米交渉**を開始しました。一方で，ドイツとソ連の戦争が始まると，日本の大陸政策は，北守南進から再び南北併進策へと転換し，対ソ戦の準備を行いましたが，開戦には至りませんでした。

　1941年，日本は**南方資源を求めて南部仏印（フランス領インドシナ南部）に軍隊を進駐**させました。それに対し，アメリカは日本への石油輸出を禁止しました。この動きにイギリス・オランダも同調し，これに中国を加えた**「ABCD包囲陣」**の危機が，日本国内で喧伝されて，国民の間に開戦の機運が高まりました。

日中戦争の長期化により，国民生活はどのような影響を受けたのですか？

1938年，**国家総動員法**が制定され，政府は戦争遂行に必要な物的・人的資源を議会の承認なしに動員する権限を得ました。こうして国民生活は政府の統制下に置かれることになりました。

第4章 近現代 占領と改革

キーワード 国民主権 平和主義（戦争放棄） 基本的人権の尊重

Q45 日本国憲法の制定で，日本はどう変化したのですか？

A
- 国家の主権者が天皇から国民に変化。
- 日本国憲法の精神を反映した民法や刑法の改正が行われ，地方自治法や教育基本法が制定された。

1945年8月15日，天皇のラジオ放送（いわゆる玉音放送）によって，国民に太平洋戦争の終結が伝えられました。その後，日本は連合国軍最高司令官総司令部（GHQ/SCAP）（最高司令官マッカーサー）の統治下（事実上のアメリカ軍の単独占領）に置かれることとなりました。当初の占領方針は日本の非軍事化と民主化でした。

1945年10月，マッカーサーは当時の**幣原喜重郎**首相に口頭で五大改革指令を伝えました。それとともに憲法改正を指示しました。この指示を受けて，幣原内閣は憲法問題調査委員会を設置して，憲法改正に着手しました。そし

ひとこと

五大改革指令
①女性参政権の付与，②労働組合の結成奨励，③教育制度の自由主義的改革，④秘密警察などの廃止，⑤経済機構の民主化の5つです。この指令に基づいて，戦後の民主化政策が実行されます。

て，同委員会の作成した憲法改正案をGHQに提出しましたが，その改正案は戦前の憲法のまま天皇の統治権を認めているなど保守的な内容でした。そこでGHQは**GHQ案（いわゆるマッカーサー草案）を提示**し，幣原内閣は**GHQ案に基づく政府原案を発表**しました。

憲法改正は1946年に成立した**第1次吉田茂内閣**に引き継がれ，**新たに当選した議員で構成された衆議院と旧来の貴族院で改正案は審議**され，一部を修正して可決されました。そして，**1946年11月3日**，国民主権・平和主義（戦争放棄）・基本的人権の尊重を3原則を明確にした日本国憲法が公布され，翌47年5月3日から施行されました。

日本国憲法では，**国家の主権者は天皇から国民にかわり，天皇は統治権をもたない日本国民統合の象徴**となりました。代わって国民の選挙で選ばれた議員で構成される**国会が国権の最高機関**となりました。また，**戦争を放棄して戦力を保持しないこと**が規定されました。

この憲法に基づいて，多くの制度が改革されました。**民法**の改正によって，婚姻および相続上の男女同権が定められ，明治民法で定められていた戸主を中心とする家制度から，夫婦中心の制度に変わりました。**地方自治法**が制定されて，地方公共団体の首長は住民の直接選挙で選ばれることになりました。その一方で，戦前に地方行政に強い権力をふるっていた**内務省は廃止**されました。また，**刑法**では大逆罪・不敬罪[*1]・姦通罪などが廃止され，刑事訴訟法も人権尊重に主眼をおいたものとなりました。さらに日本国憲法の精神を反映させた**教育基本法**が制定されました。[*2]

新しい憲法はその内容はもちろんですが，制定過程も大日本帝国憲法（明治憲法）とは違うようですね。

そのとおりです。明治憲法は枢密院で秘密審議され，国民は憲法の内容を知りませんでした。日本国憲法は内容が公表され，国民が選挙で選んだ議員が主体となって審議されました。

*1　大逆罪・不敬罪ともに皇室に対する罪のこと。
*2　戦前の教育勅語に代わって，民主主義に基づく教育理念を明示した。2006年に改正。

第4章 近現代　冷戦の開始と講和

キーワード　朝鮮戦争　単独講和と全面講和　第3次吉田茂内閣
日米安全保障条約

Q46 サンフランシスコ平和条約は，どうして結ばれたのですか？

A
- 冷戦が激化し，アメリカが対日講和を急いだ。
- 日本国内では単独講和論と全面講和論の対立が発生したが，当時の日本政府は単独講和を選択したため。

初期の占領方針は，日本の民主化と非軍事化でした。しかし，冷戦→P.84 が本格化すると，民主化・非軍事化は後退し，アメリカは日本を「反共の防壁・極東の兵器廠」とすることとし，占領を終了し日本を早期に独立させる方針へと転換しました。

　朝鮮半島では，日本の降伏とともに，北緯38度線を境にアメリカとソ連による分断占領が行われ，アメリカの占領地域に大韓民国（韓国）が，ソ連の占領地域に朝鮮民主主義人民共和国（北朝鮮）が建国されました。そして，1950年，北朝鮮軍が北緯38度線を越えて韓国に攻め入り，朝鮮戦争→P.96 が勃発しました。

　アメリカを中心とする国連軍の支援を受けた韓国軍と，ソ連と中国の支援を受けた北朝鮮軍が対峙し，北緯38度線付近で戦線は膠着しました。日本ではGHQの指示で警察予備隊が創設されて再軍備が始まりました。そして，アメリカはそれまでの民主化優先から，日本の経済的自立を促し，資本主義陣営（西側陣営）内の国家として育成する方針へと転換し，対日講和を急ぐようになりました。

しかし，アメリカが作成した講和条約案にはソ連などが反対しました。日本国内でも，アメリカを中心とする資本主義陣営のみと講和する単独（片面）講和を批判し，全ての交戦国と講和する**全面講和**を主張する運動が起こりました。**当時の第3次吉田茂内閣は，単独講和を選択しました。**[*1]

1951年，**サンフランシスコ講和会議**が開催され，52か国が参加し，日本と48か国の間で**サンフランシスコ平和条約**が締結されました。この条約によって，**日本の占領は終了し独立が回復**しまし

ひとこと

サンフランシスコ講和会議

ソ連・ポーランド・チェコスロヴァキアは出席しましたが調印を拒否しました。インド・ビルマ・ユーゴスラヴィアは会議に参加しませんでした。主要な交戦国であった中国は，中華民国（国民党政権）と中華人民共和国の代表権をめぐる対立のため，講和会議に招かれませんでした。日本は独立後，インド・ビルマ・中華民国とそれぞれ平和条約を結びました。

た。日本は朝鮮の独立を承認し，台湾・澎湖諸島・千島列島・南樺太を放棄しました。また，沖縄と小笠原諸島はアメリカの信託統治[*2]下に置くことに同意しました[*3]。そして，**連合国軍は撤収し，アメリカ軍の駐留のみが継続することとなりました。**そこで平和条約の調印と同日に，**日米安全保障条約**を締結し，アメリカ軍の駐留と基地用地の貸与を承認し，**日本はアメリカの極東戦略に巻き込まれることとなりました。**

サンフランシスコ平和条約によって独立が回復したわけですが，独立の影響は外交面のみにとどまったのですか？

IMF（国際通貨基金）・IBRD（国際復興開発銀行）・GATT（関税と貿易に関する一般協定）[→P.83]に加盟して，国際経済への復帰を果たしました。

---

*1　日本社会党は，単独講和を支持する右派と全面講和を主張する左派に分裂した。
*2　国際連合の監督のもとある国家が治めること。
*3　アメリカは国連に対して信託統治の手続きをせず，沖縄と小笠原諸島を施政権下に置き続けた。

第4章 近現代 55年体制

キーワード （鳩山一郎内閣）（社会党再統一）（自由民主党）（岸信介内閣）（日米新安全保障条約）

Q47 55年体制とはなんですか？
どうして長く続いたのですか？

A

- 保守の自民党（じみんとう）と革新の社会党（しゃかいとう）という二大政党が国会の場で対峙する体制。
- 安保体制（あんぽ）下で議席数で勝る自民党長期政権が継続。

　講和成立後，**吉田茂内閣（よしだしげる）は再軍備と治安体制の強化を進めました**。この戦後直後の民主化と非軍事化を否定する政策を「**逆コース（ぎゃく）**」と呼びます。1952年には警察予備隊（けいさつよびたい）を**保安隊（ほあんたい）**に改編し，54年には保安隊を改編・拡充し**自衛隊（じえいたい）**を発足させ，防衛庁を設置しました。また，1952年には**破壊活動防止法（はかいかつどうぼうしほう）**を制定，1954年に新警察法を制定して警察の権限を強化しました。

　公職追放（こうしょくついほう）*1 から復帰した**鳩山一郎（はとやまいちろう）**などの保守系政治家は，**吉田内閣の政策を対米依存であると批判し，憲法改正とソ連などとの自主的な外交を主張しました**。そして鳩山らは，自由党から分離して**日本民主党（にほんみんしゅとう）**を結成します。吉田茂の強権的な政治姿勢は反感をかい，造船疑獄事件（ぞうせんぎごく）をきっかけに吉田内閣は総辞職し，日本民主党の**鳩山一郎内閣**が成立しました。

　鳩山一郎内閣は，自主憲法制定・自主外交（ソ連との国交回復）の方針を掲げて，1955年の総選挙に臨みました。この選挙で，サンフランシスコ講和会議以来分裂していた**日本社会党は，改憲を阻止するために必要な3分の1の議席を左派・右派合わせて獲得し**，これを機に日本社会党は統一しました。それに対し，経済界の強い要望を受けて，**日本民主党と自由党も保守**

合同を実現させ，自由民主党が結成されました。

　こうして，**保守勢力の自由民主党と革新勢力の日本社会党という二大政党が国会の場で対峙する，55年体制が成立**しました。憲法の規定では国会議員の投票で総理大臣が選出されます。したがって，議席数で圧倒的に優位な自由民主党政権が1993年まで38年間継続することとなりました。憲法改正には成功しなかった鳩山内閣ですが，1956年に日ソ共同宣言に調印してソ連との国交回復に成功し，それを受けて**国際連合への加盟を実現**させたのを機に，鳩山内閣は退陣しました。

　1957年，自由民主党の岸信介内閣が成立しました。岸内閣は「日米新時代」を唱え，アメリカに従属するのではなく，対等な関係での提携を強化しようとし，**日米安全保障条約の改定を目指しました。**この内閣の動きに対し，日本社会党と日本共産党や労働組合の全国組織である総評（日本労働組合総評議会）は，安保改定阻止国民会議を結成しました。政府は1960年，**日米相互協力及び安全保障条約（日米新安全保障条約）**に調印しました。これに対し，新安保条約は軍事同盟の性格を有し，日本がアメリカの戦争に巻き込まれる可能性があるとして，激しい反対運動である安保闘争が起こり，ここに保守・革新勢力の対立は頂点に達しました。続く池田勇人内閣は「寛容と忍耐」をスローガンに革新勢力との対決を避ける政権運営を行いました。

日ソ共同宣言に調印して日ソ国交回復に成功したようですが，日ソ関係，日ロ関係では北方領土問題が話題になります。なぜなのでしょうか？

日ソ共同宣言では，平和条約締結後に北方領土の一部を返還することを，ソ連は同意しました。しかし，現在まで平和条約は締結できていませんので，北方領土は日本に返還されていないのです。

*1　GHQは1946年，戦争犯罪人・陸海軍軍人・大政翼賛会の有力者などの公職からの追放を指示。

第4章 近現代 経済復興から高度経済成長へ

キーワード （特需景気）（「もはや戦後ではない」）（国民所得倍増計画）（いざなぎ景気）

Q48 日本の高度経済成長の理由はなんですか？

A
- 戦後の経済復興が進まないなかで，朝鮮戦争にともなう特需景気がきっかけ。
- 円安やエネルギー源の石油への転換を理由とする。

太平洋戦争中の空襲による生産設備の荒廃と軍需産業の崩壊により，日本の経済機能は麻痺していました。さらに戦時中の国債の大量発行と日本銀行券の増発のために**悪性のインフレーションが進行**していました。政府はインフレを抑制するために**金融緊急措置令**を発し，続いて重要産業に資金・資材を集中する**傾斜生産方式**を実行しましたが，大きな成果はありませんでした。

占領政策の転換にともない，アメリカは日本経済の自立をはかる方針をとりました。そこで，**経済安定九原則**の実行を指示し，**ドッジ＝ライン**と呼ばれる経済安定政策が採用されました。これにより**インフレは抑制されましたが，深刻な不況に陥り**ました。

1950年から始まった朝鮮戦争での**アメリカ軍からの特需で輸出が急増し，日本はドッジ＝ライン以来の不況から脱出**しました。この好景気を**特需景気**と呼びます。そして，1950年代半ばから高度経済成長期に入り，それは70年代初頭まで続きました。**高度経済成長の要因は，外国技術の導入による技術革新，民間企業の設備投資，石炭から安価な石油へと転換するエネルギー革命，1ドル＝360円の固定為替レートによる円安**などがあります。

1953年に朝鮮戦争の休戦協定が成立し，特需景気は後退しました。しかし，1955年から「神武景気」と呼ばれる好景気となり，高度経済成長が始まり，翌56年度版の『経済白書』に「もはや戦後ではない」という言葉が記さ

ひとこと

「もはや戦後ではない」
「もはや戦後ではない」は，現在は高度経済成長のスタートを華々しく宣言した言葉と理解されています。しかし，実際は戦後のゼロからスタートした，回復を通じての経済成長はもはや終了したので，今後のさらなる成長を続けるために，大きな努力が必要であるという文脈で使用された言葉です。

れました。短い不況をはさみ，1958年から「岩戸景気」が始まりました。そして1960年に成立した池田勇人内閣は積極的な財政・金融政策により公共投資を拡大する国民所得倍増計画を打ち出したことで高度経済成長が本格的に進展することとなりました。

その一方で，外国からは貿易と資本の自由化を求められ，1960年代には輸入制限などを行うことができない開放経済体制へ移行することとなり，一時的な不況となりました。しかし，1966年からはベトナム戦争の特需を背景とする**いざなぎ景気**が始まり，**円安のもとで，アメリカ向けを中心に輸出が急増し，1960年代末以降，日本の貿易構造は黒字基調が定着しました。また，1968年には日本のGNP（国民総生産）は資本主義諸国のなかで第2位となりました。**

高度経済成長のプラスの影響ばかり見てきましたが，マイナス面の影響はなかったのですか？

都市の過密化が進む一方で，農村の過疎化が問題となりました。また，農業と工業の所得の格差も問題となりました。公害問題も発生し，四大公害訴訟が起こされました。

第4章　近現代　経済大国への道

キーワード　ドル=ショック　石油危機　日米貿易摩擦　プラザ合意

Q49 高度経済成長はどうして終わったのですか？

- ドル=ショックと石油危機により高度経済成長の要因が喪失したため。
- 石油と地価の高騰によりインフレが発生したため。

1970年代になると，安定した為替相場による円安と安価な石油に依存という高度経済成長の要因が失われていきました。

ベトナム戦争の膨大な戦費支出などによって，アメリカの国際収支は悪化しました。1971年，**アメリカのニクソン大統領が金・ドルの交換停止を発表しました**。それはドルを基軸通貨とするブレトン=ウッズ体制 →P.83 の崩壊を意味し，世界経済に大きな影響を及ぼしました。こ

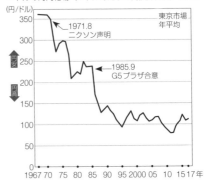

▼ドルの対円相場（1ドルあたりの円換算価格）の推移

れを**ドル=ショック**と呼びます。そして，スミソニアン協定が締結され，円は1ドル＝308円に切り上げられました。さらに**1973年には変動相場制に移行したため，円高が進むこととなりました** →P.98 。

1972年に成立した田中角栄内閣は，日本列島改造論を展開し，積極財政を組んだため土地投機ブームが起こり，地価が急騰しました。また，1973年に第4次中東戦争が勃発し，**アラブの産油国は石油の輸出制限と価格の引**

き上げを行い，**第1次石油危機（オイル＝ショック）** →P.99 **が発生**しました。石油価格の高騰は「狂乱物価」と呼ばれる事態を招き，地価の急騰とあいまって，激しいインフレーションに見舞われることとなりました。そして，**1974年に経済成長率が戦後初めてマイナスとなり，高度経済成長は終焉を迎えました。**

1979年にはイラン＝イスラーム革命を契機に石油価格が高騰する**第2次石油危機**が発生しました →P.99 。日本はこのような事態に対処するため，大企業を中心に減量経営を進めました。1980年代になると，**技術革新**と生産の合理化によって，高品質・低価格を実現した日本製の自動車や半導体の輸出が増加しました。急激な輸出増加によって日本の貿易黒字が増大し，世界のGNPに占める日本の比重が高まり，ODA（政府開発援助）の供与額は世界最大規模となり，**経済大国日本**と呼ばれるようになりました。

一方で，アメリカとの間で**貿易摩擦**が発生しました。そこで，アメリカの貿易収支の赤字を削減するためドル高の是正として，為替相場への協調介入に合意しました（プラザ合意）。**この結果，円高が急速に進行しました。**

円高で輸出が減少する円高不況が発生すると，生産拠点を海外に移す企業が増加しました。また，政府は超低金利政策による景気回復策をとり，企業は低金利で獲得した資金を土地や株式への投資に回しました。その結果，地価と株価が急騰し，経済の実態と離れた**バブル経済**と呼ばれる状態に陥りました。

日本は経済大国との評価を得たようですが，この頃から大幅な財政赤字が生じ，財政再建が政府の重要な課題となったのですよね。

そのとおりです。財政再建のために，1982年に成立した中曽根康弘内閣は，行財政改革に着手し，国営企業の分割民営化などを行いました。次の竹下登内閣は，1989年に消費税を導入しました。

第4章 近現代　冷戦の終結と日本社会の変容

キーワード （ロッキード事件）（リクルート事件）（PKO協力法）（細川護熙内閣）

Q50 55年体制はどうして崩壊したのですか？

A

- 自民党長期政権下，財界と政界の癒着などの腐敗に対する政治不信が高揚したため。
- 自民党内の造反議員による新党結成。

　1964年，東京オリンピックの閉会後，池田勇人内閣は退陣し，**佐藤栄作内閣**が成立しました。佐藤内閣は日韓基本条約を締結して韓国との国交を樹立しました。また，沖縄返還を実現させるなど，55年体制のもと，安定した政権運営を行いました。

　続く**田中角栄内閣**は，1972年に日中共同声明に調印し，中華人民共和国との国交正常化を実現させましたが，田中首相自身の金脈問題のために総辞職しました。続く三木武夫内閣の時に，航空機売り込みをめぐる汚職事件である**ロッキード事件**が表面化し，田中前首相が逮捕されました。

　1982年に，「戦後政治の総決算」をスローガンに**中曽根康弘内閣**が成立しましたが，大型間接税の導入に失敗して退陣しました。続く**竹下登内閣**では国民の反発を受けながらも1989年に消費税を導入しました。同年，昭和天皇が亡くなり，平成に改元された頃から，**自民党長期政権での金の力による政治の実態がしだいに明らかになりました**。竹下登内閣は汚職事件である**リクルート事件**の疑惑を受けて総辞職しました。

1989年に成立した海部俊樹内閣の時期には，1990年，イラクがクウェートに侵攻し，国連の安全保障理事会の決議に基づき，翌年アメリカを中心とする多国籍軍がイラクに武力行使をし，湾岸戦争が始まりました。日本は国際社会から強く参加を求められましたが，海部内閣は多国籍軍への多額な資金提供にとどめ，自衛隊の派遣を見送り，戦争終結後に海上自衛隊を機雷除去のために派遣しました。

続く宮沢喜一内閣では，**1992年に国連の平和維持活動（PKO）に参加することを可能とするPKO協力法が成立しました**。国際貢献の名により，カンボジアを最初に各地に自衛隊を派遣することとなりました。しかし自衛隊の海外派遣は，日本国憲法に反するとの批判も多く，**憲法の平和主義とアメリカが主導する国際社会との関係が問われることとなり，戦後日本の転換点とされています**。また，冷戦の終結 →P.101 は，保守（資本主義）と革新（社会主義）の対立に基づく，55年体制の動揺につながることとなりました。

　宮沢内閣では，政治献金をめぐる問題が明らかになり，大企業と政界の癒着に対して，国民からの激しい非難を受けることとなりました。このような情勢下，自民党内の改革派が反発し，**自民党から分裂した新党が結成され，内閣不信任案が可決されました**。そして1993年の総選挙で自民党は大敗し，結党して以来，はじめて野党の立場になりました。代わって非自民8党派の連立による細川護煕内閣が成立し，**38年間続いた55年体制は終わりました**。

長期政権に対する政治不信が高まって55年体制は崩壊しましたが，その後の政治はどのように推移したのですか？

非自民の連立政権や日本社会党と自民党などの連立政権が誕生しましたが，自民党が政権を奪還し，一時，民主党に政権を奪われましたが，2012年以降，自民党と公明党の連立政権が続いています。

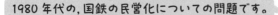

実際の共通テスト問題を見てみよう

1980年代の,国鉄の民営化についての問題です。

（2022年共通テスト日本史B本試）

問 国鉄の民営化に関して述べた次の文X・Yについて，その正誤の組合せとして
正しいものを，後の①～④のうちから一つ選べ。

X 「戦後政治の総決算」を掲げた改革で，電電公社も民営化された。

Y 国鉄の民営化は，小泉純一郎が首相の時に行われた。

① X 正 Y 正　　② X 正 Y 誤
③ X 誤 Y 正　　④ X 誤 Y 誤

戦後史は，まだ学校で習っていないから，ぜんぜん自信がないなあ……。

しかも小泉純一郎って2000年代の首相ですよね。

最近の内閣や出来事って，どのあたりまで出題されるのでしょうか？

P.29でも言ったとおり，教科書に載っている範囲は全て出題される可能性があります。

国鉄の民営化に関して述べた文について，正誤の組合せとして正しいものを選ぶ問題です。

Xの文を見てみましょう。「国鉄の民営化」は1980年代に，新自由主義の流れのなか，「戦後政治の総決算」を掲げた中曽根康弘内閣の時に行われました →P.244。国鉄が民営化され今のJRに，電電公社が民営化され今のNTTに，専売公社（タバコ・塩などを扱う特殊法人）が民営化されて今のJTになりました。Xは正文です。

Yの文はどうでしょうか。Xの文章の解説でも触れたとおり，国鉄の民営化は，中曽根康弘内閣の時に行われました。したがって，「小泉純一郎が首相の時に行われた」は，誤りです。Yは誤文です。

したがって，解答は　②　X　正　Y　誤　となります。

共通テストでは，このような1980〜2000年代以降の内容も出題されるようになっています。もし，学校などの学習が間に合わなくても，教科書や参考書などは，最後までざっとでも目を通しておきましょう。

実際の共通テスト問題を見てみよう

日本の鉄道とその役割に関する問題例です。

（2022年共通テスト日本史B本試）

日本において鉄道が開通して，2022年で150年を迎える。日本における鉄道の歴史とその役割について述べた次の文章を読み，後の問いに答えよ。

　明治初期，政府によって産業育成が図られる一環として，1872年，新橋－横浜間に鉄道が開通した。後に大阪－神戸間も開通するなど，当初，鉄道は大都市と開港した港を結ぶ路線が敷設された。鉄道は，気候に大きく左右されず，時間が正確なため，各地の産物を都市や港に輸送する手段として用いられ地域の産業発展に寄与した。例えば，横浜と鉄道で結ばれた**①**群馬県や長野県からは，**②**開港以来の主要輸出品である ア が輸送された。また，**③**九州では，**④**産業革命のエネルギー源である イ が鉄道により積出し港まで輸送された。

　産業発展に伴い，旅客輸送と貨物輸送はいずれも鉄道を中心に拡大するとともに，鉄道の駅を中心とした周辺地域との貨物輸送や都市内の旅客・貨物輸送が盛んになった。貨物輸送では，駅からの輸送において，荷車や馬車などの利用が増加する一方，河川を利用した舟運はその地位を低下させた。旅客輸送では，第一次世界大戦後に，市電やバス，地下鉄などの都市内交通が発展した。また，国内を中心に展開した鉄道網は，20世紀以降の日本の対外関係の下，帝国内の旅客・貨物輸送の双方において重要な役割を持った。

問　空欄　ア　　イ　に入る語句の組合せとして正しいものを，次の①～④のうちから一つ選べ。

① ア　綿織物　イ　石炭
② ア　綿織物　イ　石油
③ ア　生糸　　イ　石炭
④ ア　生糸　　イ　石油

入れる語句は，歴史用語ではなく普通の言葉ですね。

長文は内容を理解するだけでたいへん……。

鉄道の歴史も覚えていないといけないんですね……。

問題の文章では，日本の鉄道の歴史とその役割について述べられていますが，問われているのは幕末から明治期にかけての日本の産業についてです。空欄を含む文中の語句に着目しましょう。

日本における鉄道の歴史とその役割について述べた文章を読み，2つの空欄に入る語句の組合せとして正しいものを1つ選ぶ問題です。

空欄　ア　に入る語句から考えていきましょう。

解答の選択肢を見ると，空欄　ア　に入るのは綿織物か生糸（きいと）のどちらかになります。

空欄　ア　を含む文を確認します。生産地が❶「群馬県や長野県」❷「開港以来の主要輸出品」であったことがわかります。

開国後の日本からの主要な輸出品は生糸と茶などです。とくに日本の生糸は質が良く，輸出の大きな割合を占めていました →P.209 。日露戦争後には，日本は世界最大の生糸の輸出国になりました。

また，生糸の増産や品質向上をはかるために官営模範工場（かんえいもはんこうじょう）としてつくられた富岡製糸場（とみおかせいしじょう）が，群馬県にあったことを思い起こせば解答のヒントになるでしょう。

富岡製糸場は世界文化遺産に登録されたので，群馬県にあったことは知っています。

　一方で，**外国からの輸入品は毛織物，綿織物，兵器などです。イギリスの綿織物や綿糸は安くて品質が良かったため，多く輸入されました。**

　よって，空欄　ア　に入るのは生糸と判断します。

　空欄　イ　の検討に移りましょう。

　　イ　に入るのは石炭か石油のどちらかです。

　空欄　イ　を含む文を確認すると，生産地は「九州❸」「産業革命のエネルギー源❹」になったものとわかります。

　日本において石油が主要なエネルギー源となったのは，戦後の高度経済成長期の時であり，明治期の産業革命における主要なエネルギー源は石炭です。石炭は主に福岡県の筑豊地域や北海道で採掘されました。

現在の北九州市に設立された官営の八幡製鉄所 →P.224 は，当初，筑豊炭田の石炭を動力源としていました。

　よって，石炭が空欄　イ　に入ります。

　したがって，解答は**ア　生糸　イ　石炭**の③に決まります。

解答に直結する知識に自信がない場合，もっている知識を活用して解答を特定しましょう。

農地改革に関する問題例です。

(2021年共通テスト日本史B本試〈第1日程〉)

Hさんの高校の授業では，「第二次世界大戦後の民主化政策」について，戦前からの流れやその後への影響を含めて発表することになった。Hさんたちの班は，農地改革をテーマに選び，図書館で文献を調べ，次の発表用**スライド**を作成中である。この**スライド**を読み，後の問いに答えよ。

スライド

1　農地改革の過程と実績

1－1　　GHQの目標…軍国主義の温床の除去

・寄生地主制の除去による安定した自作農経営の創出

1－2　　農地改革の過程

・政府主導の第一次農地改革案の決定（1945年）

・GHQの勧告にもとづく第二次農地改革の開始（1946年）

　→国が公定価格で農地を買収し，小作人に売り渡す（1947〜50年）

1－3　　農地改革の実績

・総農地に占める小作地面積の変化

　　45.9%（1945年11月）　⇒　9.9%（1950年8月）

　→農家の大部分が自作農になった

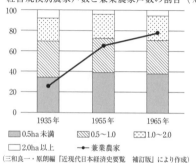

図　経営規模別農家戸数と兼業農家戸数の割合（%）

0.5ha未満　0.5〜1.0　1.0〜2.0
2.0ha以上　●兼業農家

（三和良一・原朗編『近現代日本経済史要覧　補訂版』により作成）

問　スライドを参考にしながら，農地改革の過程と実績に関して述べた文として誤っているものを，次の①～④のうちから一つ選べ。

① GHQ は，日本の軍国主義の原因の一つに寄生地主制があると考えていた。

② 第一次農地改革案は不徹底であるとみなされ，寄生地主制の除去を求める GHQ の指示により，第二次農地改革が開始された。

③ 1965 年の農家の 9 割以上は経営規模 2 ha 未満であり，1935 年時点と比べて経営規模の小規模性は大きく変化していない。

④ 1965 年の農家の約 8 割は兼業農家であり，1935 年時点と同様に，専業農家の割合は低いままである。

「ha」てなんでしたっけ？

「ヘクタール」と読む面積の単位です。

スライドの文章と図の両方を確認しないといけない問題ですね……。

このような問題で正誤を判断する時は，スライドの文章を確認するのか，図を確認するのかをまず判断しましょう。

　農地改革をテーマとしたスライドを参考にしながら，農地改革の過程と実績に関して述べた文として誤っているものを1つ選ぶ問題です。

　①の文から順に確認しましょう。
　①の文にある「軍国主義」「寄生地主制」の語句は，スライド1−1にも見られるので，軍国主義と寄生地主制を比較してみましょう。
　1−1では，GHQは寄生地主制を軍国主義の温床（おんしょう）と考えていて，その除去を目標にしていたと読み取れます。この内容は①の文の内容と合っていると考えられるので，①は正文と判断します。

　次に，②を確認します。②の文には「第一次農地改革」「第二次農地改革」の語句があり，同じ語句のあるスライド1−2と照合します。
　1−2には，「政府主導の第一次農地改革案」が1945年に決定され，翌1946年には「GHQの勧告にもとづく第二次農地改革」が開始されたとあることから，②の文の，GHQが「第一次農地改革案は不徹底」とみなし，「GHQの指示により，第二次農地改革が開始された」と合っていると考えられます。よって，②は正文と判断します。

続いて，③を確認します。③の文は，農地改革の実績について述べられていますので，スライド1－3を確認しましょう。

③の文「1965年の農家の9割以上は経営規模2ha未満であり」は，スライド1－3図中の1965年の棒グラフを確認すると正しいとわかります。この割合が「1935年時点と比べて経営規模の小規模性は大きく変化していない」かどうかを確認すると，経営規模2ha未満の割合は1965年より若干少ない程度であり，大きく変化しているとは言えません。この部分も合っていることから，③も正文と判断します。

最後に④を確認します。④の文も農地改革の実績について述べられていますので，スライド1－3の図を確認します。

④の文の「1965年の農家の約8割は兼業農家であり」の部分は，図の折れ線グラフから正しいとわかります。しかし，1965年の割合は，1935年の兼業農家の割合と比べると大幅に伸びていることがわかります。「1935年時点と同様に，専業農家の割合は低いままである」の部分が誤りであることから，④は誤文と判断します。

したがって，解答は④となります。

選択肢の文の正誤を判断する問題では，選択肢の文とスライドなどの資料に同じ語句がないかを確認し，あればその両者を比較して正誤を判断しましょう。